法治建设与国家治理现代化研究

总主编　谢桂山

新型城镇化与财税改革法律问题研究

张瑞峰　辛艺　郑文丽　著

山东大学出版社

图书在版编目(CIP)数据

新型城镇化与财税改革法律问题研究/张瑞峰,辛艺,郑文丽著. —济南:山东大学出版社,2016.11
(法治建设与国家治理现代化研究/谢桂山总主编)
ISBN 978-7-5607-5652-3

Ⅰ. ①新… Ⅱ. ①张… ②辛… ③郑… Ⅲ. ①城市化—关系—财税—财政改革—财政法—研究—中国 ②财税—关系—财政改革—税法—研究—中国 Ⅳ. ①D922.204

中国版本图书馆 CIP 数据核字(2016)第 265367 号

责任编辑 陈佳意
封面设计 牛 钧

出版发行 山东大学出版社
社 址 山东省济南市山大南路 20 号
邮 编 250100
电 话 市场部(0531)88364466
经 销 山东省新华书店
印 刷 泰安金彩印务有限公司
规 格 720 毫米×1000 毫米 1/16
11.25 印张 185 千字
版 次 2016 年 11 月第 1 版
印 次 2016 年 11 月第 1 次印刷
定 价 25.00 元

前　言

改革开放以来，党和政府一直将城镇化作为持续性发展战略加以推进。但传统城镇化在取得重大成就的同时，也带来一系列政治及社会问题。党的十八大明确提出，坚持走中国特色新型工业化、信息化、城镇化、农业现代化道路。十八届三中全会进一步提出，要坚持走中国特色新型城镇化道路，推进以人为核心的城镇化。十八届四中全会又着眼国家治理体系和治理能力现代化，推出全面推进依法治国、建设社会主义法治国家的战略部署。将新型城镇化置于依法治国、实现国家治理现代化这一时代背景中，探讨新型城镇化治理模式的转变及相关的财税体制机制问题，对于推动新型城镇化的健康发展具有重要意义。这正是写作本书的重要缘由。

本书是"法治建设与国家治理现代化研究"的一本，侧重于对新型城镇化中的财税改革法律问题进行论述和研究。主要从历史、现实、未来发展的角度，回顾我国城镇化的演变和新中国财税制度建立健全的历程，总结新中国成立以来我国城镇化发展中财税制度建设的经验与教训，分析当代中国城镇化建设中财税体制改革取得的成就以及面临的问题与挑战，并为推进新型城镇化中财税法治的建设提供建议。

本书共分为十章。第一章与第二章主要概述了我国新型城镇化的发展演变及其与财税制度的相互关系和作用；第三章简要介绍了我国财税制度的建立与发展脉络，以及历次财税改革的主要内容；第四章至第九章主要就新型城镇化过程中涉及的各项主要财税制度展开具体论述，内容涉及税收制度、财政管理制度、预算与财政监督管理、公共服务体系建设、金融体系建设等；第十章重点探讨新型城镇化进程中财税法治建设面临的困难与挑战，寻找财税法治化的建设路径。本书的写作分工如下：张瑞峰：第二章、第四至七章、第十章；辛艺：第一章和第三章；郑文丽：第八章和第九章。

在写作过程中，编著者力求文字精练、论述通达，既注重财税基本理论的介绍，也通过引入数据、图表等增强读者对我国财税现行运转情况的感性认识；既回顾了我国城镇化发展和财税体制改革的历史进程，也展现了新型城镇化建设和新一轮财税体制改革的最新进展，以使读者对新型城镇化与我国财税制度有更加全面、深入的了解。但由于水平和篇幅所限，本书的编写更多地局限于对学者们已有研究成果的吸纳与介绍、对实践中存在的各种问题和困难的简单梳理以及可能并不成熟的建言献策，未能触及更深层次的矛盾揭示与学术探讨。另外，本书在编写过程中难免存在疏漏与不妥之处，恳请读者批评指正。

在本书的出版过程中，山东大学出版社给予了大力支持，在此表示衷心的感谢。

作　者

2016 年 6 月 28 日

目　录

第一章

新型城镇化中财税制度的地位与作用

从 1998 年党的十五届三中全会提出“发展小城镇是带动农村经济和社会发展的大战略”，到 2000 年制定“十五”规划纲要，国家首次把“积极稳妥地推进城镇化”作为国家重点发展战略。可以看出，自 20 世纪 90 年代以来，党和政府一直将城镇化作为持续性发展战略加以推进。提出城镇化全面转型则是在 2012 年。李克强总理在省部级领导干部推进城镇化建设研讨班讲话时指出，城镇化不是简单的城市人口比例增加和面积扩张，而是要在产业支撑、人居环境、社会保障、生活方式等方面实现乡到城的转变。党的十八大明确提出，坚持走中国特色新型工业化、信息化、城镇化、农业现代化道路。十八届三中全会进一步明确，要坚持走中国特色新型城镇化道路，推进以人为核心的城镇化，并提出“财政是国家治理的基础和重要支柱”，将财税纳入了国家治理的体系框架之中。2013 年 12 月，中央城镇化工作会议作出决定，要以人为本，推进以人为核心的城镇化，提高城镇人口素质和居民生活质量。十八届四中全会又着眼于国家治理体系和治理能力现代化，推出全面推进依法治国、建设社会主义法治国家的战略部署。由此可见，将新型城镇化置于依法治国、实现国家治理现代化这一时代背景中，探讨新型城镇化治理模式的转变及相关的财税体制机制问题，对于推动新型城镇化的健康发展具有重要意义。

第一节 新型城镇化的演变与财税支持

一、新型城镇化是对传统城镇化的全面转型

2014年3月发布的《国家新型城镇化规划(2014～2020年)》提出:“随着我国农业富余劳动力减少和人口老龄化程度提高,主要依靠劳动力廉价供给推动城镇化快速发展的模式不可持续;随着资源环境瓶颈制约日益加剧,主要依靠土地等资源粗放消耗推动城镇化快速发展的模式不可持续;随着户籍人口与外来人口公共服务差距造成的城市内部二元结构矛盾日益凸显,主要依靠非均等化基本公共服务压低成本推动城镇化快速发展的模式不可持续。工业化、信息化、城镇化和农业现代化发展不同步,导致农业根基不稳、城乡区域差距过大、产业结构不合理等突出问题。我国城镇化发展由速度型向质量型转型势在必行。”规划中提到的几个“不可持续”揭示了我国30多年来快速推进城镇化进程中出现的重大问题,也显现出城镇化阶段性发展的特征。

改革开放以来,我国的城镇化发展可以划分为三个阶段。

(一)1979～1995年——*平稳发展阶段*

这一时期,中央确立的城镇化发展目标是控制大城市规模,合理发展中等城市,积极发展小城市。1980年,国务院批转《全国城市规划工作会议纪要》;1990年,我国颁布实施《城市规划法》,从政策和法律上限制大量农村人口涌入城市,抑制城市的过度膨胀,以防止加大经济体制改革的难度。在这一阶段,改革开放带来了经济体制的变革,开放搞活、市场流通以及户籍管理放宽等政策恢复了城市与农村之间的联系纽带,促成了劳动密集型的乡镇企业崛起和城市制造业的发展,使其成为吸纳农村富余劳动力的主要力量,由此创造出“离土不离乡,进厂不进城”的农村工业化模式,推动了我国城镇化的稳步发展。根据国家统计局统计,1979～1995年,我国城市数量由213个增加到637个,建制镇的数量由2361个增加到17532个,城镇人口占总人口的比重由18.96%平稳缓慢地增长至29.04%。[①]

---

① 参见丁任重、李标:《改革以来我国城镇化进程中的“缺口”与弥补》,载《经济学动态》2013年第4期。

(二)1996～2011 年——快速发展阶段

在这一阶段,我国进入全面建立社会主义市场经济体制时期。民营经济快速发展,吸纳了大量农村剩余劳动力。同时,我国逐渐破除了劳动力流动的阻碍,城市相对较高的收入、更加方便的基础设施和公共服务以及逐渐放宽的户籍制度和其他各项服务,吸引大批农民向城市迁移,成为推动城镇发展的重要力量,由此开启了"离土又离乡,进厂又进城"的城镇化模式,促进了我国城镇化的快速发展。国家统计局数据显示,1996～2011 年,我国城市数量由 663 个下降至 653 个;城镇数量则由 18171 个增至 19683 个;城镇人口由 37304 万人攀升至 69079 万人,年均增长 4.5 个百分点,远远高于总人口 0.64%的年均增速;在此期间,城镇化率由 30.48%上升至 51.27%,年均提高 1.4 个百分点。但是,进入城镇的大量人口并没有成为真正的城市人口。国家统计局调查数据显示,截至 2013 年,我国城镇人口为 7.31 亿,城镇化率达到 53.73%;但若按城镇户籍人口统计,城镇化率只在 35.7%左右。[①] 显然,多年的城镇化发展并未很好地完成农业转移人口向城镇人口的落户迁移。

城镇化应当是伴随工业化的一个自然过程,在这个过程中,原来主要从事农业活动的劳动者转移到城镇就业,并在建设城镇的同时,自然地融入城镇的生产生活方式中,享受城镇化的公共服务。但因为我国城乡二元结构和户籍管理等制度因素,农业转移人口在城镇生活多年依然还是"农民工",享受不到与城市人口相同的教育、医疗、养老等基本社会保障待遇。多数地方政府都把重点放在做大城镇规划、投资基础设施建设、兴建工业园区等上面。这样的城镇化以低成本推动了经济的高速增长,但从长远来看,却难以持续发展。

由此可见,本阶段快速推进城镇化的过程确实带来很多问题,比较突出并急需加以解决的有以下几个方面:一是土地问题。政府征用农地转为建设用地,并从中获取城镇发展资金,这种土地制度为城镇化的发展发挥了重要的作用,但也带来了一系列问题,主要表现为建设用地粗放利用,农民权益容易受到侵害。而城镇盲目扩张,土地城镇化明显超过人口城镇化等。二是户籍管理制度问题。我国长期实行城乡二元社会管理体制,户籍管理制度成为阻碍人口从农村向城市流动的制度性屏障,造成实际城镇化水平偏低。三是产业政策约束

---

① 参见丁任重、李标:《改革以来我国城镇化进程中的"缺口"与弥补》,载《经济学动态》2013 年第 4 期。

过多。市场准入存在较多限制，一些领域产业政策失衡，直接影响市场公平竞争以及产业的发育、发展、创新与效率提升。四是投融资体制尚未健全。我国城镇化融资渠道一直比较单一，规范化、稳定性的投融资机制仍处于探索阶段，许多城市建设资金主要靠土地出让金收入，或者过度依赖融资平台进行城镇建设融资，风险极大。五是基本公共服务长期失衡。20世纪90年代以后，我国大力推进公共财政体系建设且成效显著。但由于基础薄弱，基本公共服务的规模和质量仍难以适应城镇化发展的要求。尤其是长期存在的城乡二元格局，导致一些统筹城乡的公共政策难以执行到位，如教育、医疗卫生、社会保障、劳动就业、保障性住房等五大民生问题仍然不同程度地与户籍挂钩，影响城镇化的协调、稳定、健康发展。

学者辜胜阻对此种现象作了精辟的总结：过去30年，我国城镇化的高速发展主要得益于廉价的土地、劳动力等要素的贡献。该模式在很长一段时期内虽然受到我国的生产力水平低下（特别是工业发展程度较低）、土地资源紧张、人力资金短缺等客观条件约束，却仍然能够闯出一条快速城镇化的道路，对我国经济发展产生积极的影响。但经过多年的发展，这一模式的弊病也日益暴露了出来：当前这种过度依赖廉价'土地红利'和廉价'人口红利'的'要素驱动'城镇化发展模式已经难以为继。过度依赖'土地红利'不仅容易导致城市资源配置效率低下，而且会对城镇化过程中的居民生活和城镇化可持续发展等多方面产生负面影响；过度依赖廉价劳动力所带来的'人口红利'也由于人口结构的变化不具有可持续性。[①]

（三）2012年之后——全面转型阶段。

针对传统城镇化发展模式已经难以为继的局面，党的十八大报告明确提出："坚持走中国特色新型工业化、信息化、城镇化、农业现代化道路，推动信息化和工业化深度融合、工业化和城镇化良性互动、城镇化和农业现代化相互协调，促进工业化、信息化、城镇化、农业现代化同步发展。"[②]十八届三中全会在《中共中央关于全面深化改革若干重大问题的决定》中进一步提出，"坚持走中国特色新型城镇化道路，推进以人为核心的城镇化"[③]，明确突出了城镇化的核

---

① 参见辜胜阻、刘江日：《城镇化要从"要素驱动"走向"创新驱动"》，载《人口研究》2012年第6期。

② 胡锦涛：《坚定不移沿着中国特色社会主义道路前进 为全面建成小康社会而奋斗——在中国共产党第十八次全国代表大会上的报告》，载2012年11月18日《人民日报》。

③ 《中共中央关于全面深化改革若干重大问题的决定》，载2013年11月16日《人民日报》。

心是人的城镇化。李克强总理也强调新型城镇化以人为核心，要“坚持走以人为本、四化同步、优化布局、生态文明、传承文化的新型城镇化道路，遵循发展规律，积极稳妥推进，着力提升质量”[①]。这些论述标志着我国新型城镇化的正式转型。转型后的新型城镇化以城乡统筹、节约集约、生态宜居、和谐发展为基本特征，以人的城镇化为核心。

由此可见，新型城镇化的“新”就是要以提升城市的文化和公共服务等内涵为中心，改变以政府大量投资、土地垄断经营、片面注重追求城市规模扩大为特征的传统发展模式，将以人为本和可持续发展的理念贯穿始终，全面提升城镇化质量和水平。

2013 年 12 月，中央城镇化工作会议在北京举行。习近平总书记在会上强调，粗放扩张、人地失衡、举债度日、破坏环境的老路不能再走了，也走不通了。会议指出，要以人为本，推进以人为核心的城镇化，提高城镇人口素质和居民生活质量，把促进有能力在城镇稳定就业和生活的常住人口有序实现市民化作为首要任务。会议同时提出了推进新型城镇化发展的财税改革思路：要建立多元可持续的资金保障机制；要完善地方税体系，逐步建立地方主体税种，建立财政转移支付同农业转移人口市民化挂钩机制；要在完善法律法规和健全地方政府性债务管理制度基础上，建立健全地方债券发行管理制度；要推进政策性金融机构改革，当前要发挥好现有政策性金融机构在城镇化中的重要作用，同时研究建立城市基础设施、住宅政策性金融机构等。[②]

二、新型城镇化涉及深层次的矛盾与变革

有学者指出，中国已有的城镇化模式是一整套观念、制度和利益格局安排下的产物。土地、户籍、财政等相关制度的调整，无一不是牵一发而动全身的改革。因此，要推动传统城镇化模式的真正转变，就需要深入分析到底应该选择哪个环节进行突破、相关的改革次序如何确定、不同的改革领域措施之间如何协调推进等。而且在打破已有利益格局的同时，必须要有相应的制度安排，使

① 《李克强在十二届全国人大二次会议上作的政府工作报告（摘要）》，载 2014 年 3 月 6 日《光明日报》。

② 参见“2013 中央城镇化工作会议”专题，新华网（http://www.12371.cn/special/2013czhgzhy），发布日期为 2013 年 12 月 13 日，访问日期为 2015 年 10 月 5 日。

一个更为合理公平、有效率且能够自我持续的利益机制得以逐渐新生。①

可以看到，促进城镇化的全面转型，各项改革措施都将不同程度地触及政府、市场、社会与公民等各主体之间以及中央与地方之间各种关系的深刻调整。一是国家与个人之间的关系调整。现代国家的产生与合法性来自人民与国家之间的契约，国家的权力来自人民的授权，国家则必须保障人民的基本权利。因此，由国家来承担基本公共服务，保障人民的平等权利，才能健康推进城镇化。二是中央与地方之间的关系调整。分税制改革初步确定了中央和省级政府的财权与事权划分，省级以下没有涉及。在实际运行中则出现财权层层上移、事权逐级下放的现象，致使中央与地方之间财力与事权不匹配的问题累积到非常严重的程度。打破原有城镇化模式下“事权共担”的模糊局面，必须明确中央和地方各级政府在推进城镇化过程中的责权关系。三是政府与市场之间的关系调整。传统城镇化主要由政府主导，各项重大事务基本上都由政府来发起和推动，市场作用难以有效发挥。必须妥善处理政府与市场的关系，实现市场对资源的有效配置和政府对市场进行合理干预之间的平衡。

三、新型城镇化是全方位的结构性变革

新型城镇化是全面转型的过程，也是一场深刻的社会变革，这场变革涉及政治、经济、文化、社会、生态等多个领域。正如学者宋健坤所说，中国的城镇化建设，其承载的含义远远超越经济领域，绝非仅限于满足社会需求的生产力范畴，已经全面触摸到整个社会的结构性变革，它撬动具有进步意义的生产关系的同步再调整，是推动中国走向第三次社会变革的历史性跨越。②

新型城镇化是全方位的结构性变革，其制度变革将涉及医疗、教育、养老等一系列经济资源配置制度和其他经济体制，可以说几乎没有现存的可完全沿用而无须改善的制度与政策。我们需要改革户籍制度、人口管理制度，要改革住房、医疗、养老及教育等社会保障制度，要通过改革金融体制、土地管理制度、中央和地方财力与事权的划分制度以及各要素价格机制以优化资源配置，要改革政府行政管理体制，要重新修改和制定一系列有关优化城市空间布局的政策制度，等等。

---

① 参见宣晓伟：《中国城镇化从老路迈向新路发展》，国研网（http://znzg.xynu.edu.cn/Html/?14592.html），发布日期为2013年5月13日，访问日期为2015年10月5日。

② 参见宋健坤：《中国城镇化的历史使命》，载《经济导刊》2012年第3期。

财税制度的变革是其中最为重要的组成部分。一来，推进以人为核心的城镇化必然要求改革财税体制，更好地协调民生与发展的关系。新型城镇化的实质是农业转移人口的市民化，这是一个长期的过程，只能逐步推进，平稳过渡，防止城镇化过程中存在的不确定性引发公共风险。“对于农民来说，尽管2.6亿农民在城里工作和生活，但没有安全感和安定感。对于国家来说，容易产生新的城镇内部的二元化，导致扩大内需受阻、宏观经济效率难以提升等问题。财政改革是化解这些公共风险的宏观条件。”[①]二来，实现以人为核心的城镇化必然加大各级政府的责任，尤其是政府的财政责任，因此必须对事权、财权和财力重新组合，明确中央和地方各级政府的职责划分。从财税制度看，过去划分收支以户籍人口为依据，现在要重新界定，以适应人口流动的现实需求；基本公共服务均等化也要重新定义，不能再如过去那样按照静态的地域和空间搞建设；转移支付也要调整为按常住人口为依据；等等。所有这些变化都将会给财税体制改革带来严峻的挑战。

四、城镇化的全面转型与财税支持

与传统城镇化相比，新型城镇化的核心就是有序推进农业转移人口市民化，努力实现城镇基本公共服务常住人口全覆盖。因此，新型城镇化在产业支撑、人居环境、社会保障、生活方式等方面均作出了全方位的调整和转变：户籍管理由过去制约外来人口融入城镇向积极稳妥地实现农业转移人口市民化转变，建设理念由过分注重城镇的扩张和经营向注重民生转变，城镇的建设和发展由粗放方式向集约化转变，城镇公共服务由只面向户籍人口向覆盖全部常住人口转变，等等。通过这些转变最终实现人的平等发展。在这样的转变过程中，财税制度具有至关重要的地位和作用。新型城镇化过程中的财税体制改革，也成为适应国家治理现代化要求、促进政府职能转变、建立现代财政制度和推动城镇化健康发展的一次体制机制变革。

财税体制对推进新型城镇化发展的支持促进作用，更多地体现在农业转移人口的市民化、土地的有效开发利用、产业的发展与转型、保护环境与资源等方面。

一是可以更好地推进农业转移人口的市民化进程，促进公共服务均等化。如改革税收制度，稳定税负，可以为地方经济发展和人民生活改善提供雄厚的

---

① 刘尚希：《不确定性：财政改革面临的挑战》，载《财政研究》2015年第12期。

财力支持；健全公共财政制度，加快社保、医疗等公共服务的城乡统筹，可以切实解决公共服务均等化问题。

二是可以改变地方政府对土地财政的过度依赖，完善土地出让收支管理制度，优化土地的开发利用，抑制城镇化的粗放发展。对土地的开发利用，需要进行科学长远的规划布局，在扩大城镇规模的同时，还要依据规划做好城镇基础设施建设。完善的财税制度可以健全土地出让收支管理制度，改变地方政府对土地财政过度依赖的状况，抑制土地城镇化的粗放发展。

三是能够更有效地支持产业结构的调整和优化，推进以高新产业为主导的新型工业化，实现工业化和城镇化的良性互动。调整财税体制机制，可以有效推进产业的特色化发展，引导地区间产业分工与协作，推进城镇化的健康发展。

四是可以有效保护资源与环境，实现城镇化的可持续发展。良好的财税制度，可以更多地着眼于加强城镇自然环境和人文环境的保护，充分发挥财税政策的促进作用，创造宜居环境，促进绿色发展。

第二节　推进新型城镇化与财税体制的作用

一、新型城镇化以产业现代化为支撑，需要财税政策的扶持和引导

党的十八大报告指出："坚持走中国特色新型工业化、信息化、城镇化、农业现代化道路，推动信息化和工业化深度融合、工业化和城镇化良性互动、城镇化和农业现代化相互协调，促进工业化、信息化、城镇化、农业现代化同步发展。"[①]因此，新型城镇化必须以产业现代化为支撑，才能健康发展。一者，新型城镇化的发展要以农业现代化为基础。农业现代化的实现可以为新型城镇化提供充足的粮食和工业原料、大量的富余劳动力和广阔的市场，反过来，城镇化的健康推进又能更好地促进现代农业发展。二者，城镇化要以工业化为支撑。推进新型城镇化与工业化的发展是相辅相成、相互促进的良性互动关系，当城镇化发展到一定的水平时，决定城镇化发展的是城镇本身集聚资本、劳动力等生产要素的能力，而非资源拥有量或城镇规模的大小。产业的发展是新型城镇化发展的原动力，工业集群与城市群的有机结合是新型城镇化的发展趋势。而产业现

① 胡锦涛：《坚定不移沿着中国特色社会主义道路前进　为全面建成小康社会而奋斗——在中国共产党第十八次全国代表大会上的报告》，载 2012 年 11 月 18 日《人民日报》。

代化的健康发展需要财税政策的扶持和引导,财税制度对于新型工业化发展有着极为重要的作用。

二、新型城镇化以人的城镇化为核心,需要财力支持与财税政策促进

良性运转的财税制度可以为以人为本的新型城镇化提供基础和支撑。城镇化是人口、资本、技术、产业、资源不断向城镇集聚的过程,这一集聚过程也必然是基础设施和公共服务设施在城镇规模化发展的过程。农业转移人口市民化的过程非常复杂,需要多项制度的配套改革和雄厚财力的支持,意味着相应的教育、社会保障、医疗、住房等基本公共服务需求要得到保障。否则,转变中的不确定因素极有可能演变为宏观上的公共风险。首先,农业转移人口从整体看收入增长较为缓慢,很容易产生新的城镇内部的二元化。其次,可能导致扩大内需受阻。再次,可能导致宏观经济效率难以提升。最后,劳动力流动性过大,阻碍其自身素质的提升。此外,农业转移人口与当地居民的融合也需要漫长的时间,融合过程中不可避免会发生社会冲突,带来社会管理领域的公共风险。而推进财税体制改革是降低和防范公共风险必要的和基本的手段,雄厚的财力支撑和财税政策的促进与支持是实现人的城镇化不可或缺的基础与保障。

三、新型城镇化以可持续发展为发展方向,要求财税体制的相应变革

我国人口众多,资源环境瓶颈约束越来越严重,而且能源资源利用效率低,城镇化继续走高消耗、高排放的老路势必难以为继。以可持续发展作为新型城镇化建设的发展方向,要求在城镇建设中必须把保护和改善生态环境、治理环境污染、提高环境质量放在首位。保护环境资源,促进相关产业的发展,财税制度大有可为。首先,税收在推进生态文明建设中具有重要的引导和扶持作用。如完善促进环境保护和资源合理利用的税收制度,形成促进生态文明建设的绿色税收体系等。其次,可以促进和改善资源的有效利用。如改革和完善矿产资源有偿使用的相关财税制度,扩大资源税征收范围,将水资源、森林资源等纳入征税范围,同时将现有的某些资源性收费并入资源税。最后,可以有效促进新兴产业的发展,加快产业转型,形成可持续发展。如相应降低流转税和企业所得税的税率,逐步减少流转税和企业所得税税收,削弱城镇发展中低水平扩张的经济动因等。

第三节　推进新型城镇化是法治化的进程

党的十八届四中全会着眼于国家治理体系和治理能力现代化，作出了全面推进依法治国、建设社会主义法治国家的战略部署，中国由此走上了制度创新与法治建设双轮驱动的全面深化改革之路。对于新型城镇化建设来说，这无疑是历史性的重大战略机遇。推进新型城镇化需要调整政府、市场、社会与公民之间的利益关系，不仅要进行制度创新，积极引导社会资源的合理配置，更需要推进法治建设，平等地保障各主体的权益，最终实现城乡均衡协调发展。

法治是一个国家走向文明的标志，也是改革成功与否的关键。只有在法治的轨道上推进改革，以法治的思维和方式治理国家，改革的各项目标和现代化国家治理模式才能实现。习近平总书记提出，凡属重大改革都要于法有据，强调把法治作为治国理政的基本方式，为我国经济社会发展指引了方向。将新型城镇化置于依法治国、实现国家治理现代化的时代背景中，探讨新型城镇化治理模式的转变，推动法治化发展，才是新型城镇化的正确发展道路。

转变城镇化治理模式，就是改变传统城镇化的运作机制、运作过程、运作方式，推进法治化进程。改革开放30多年来，城镇化建设取得很大成就，但不可否认的是，传统的城镇化治理模式已经无法有效适应市场经济深入发展和多样化的社会现实。依赖政治与行政的力量，通过颁布政策文件，采用运动方式来推进城镇化的方式，已经带来一系列经济和社会问题。如片面追求规模扩大而忽视人的发展需求，基础设施发展滞后，环境污染严重，规划建设缺乏特色、千城一面，等等。甚至一些地方政府缺乏法治思维和法治观念，习惯于大拆大建、强征强拆，导致与民众冲突不断，严重影响了社会稳定。因此，必须探索适合我国国情的、多维框架下的政府、市场、社会和公民多中心治理模式，实现城镇化治理方式从运动式向法治化的战略转变。

一、治理主体由政府主导的单一模式向多中心治理模式转变

我国传统城镇化采取的是自上而下的政府主导运行模式，从城镇的设置、选址、规划、建设，到土地使用的审批、土地功能的改变、改造拆迁等，都离不开政府的控制和主导。目前，政府完全主导城镇化发展的模式已经暴露出越来越多的弊端。缺乏限制的权力运行及单一的主体控制，必然难以兼顾城镇化发展

中众多的利益需求和矛盾冲突。因此，必须建立多维框架下的政府、市场、社会和公民多中心治理模式。政府在新型城镇化中的作用应该是健全和完善财税等一系列制度建设，通过制度管理和规范城镇化的发展，构建科学规范的城镇基础设施、公共服务等体制机制，实现城镇化治理的法治化。

二、治理方式由政策为主导的运动式向制度为主体的法治化转变

政策和法律是两种截然不同的社会治理手段。前者时效性、针对性较强，而稳定性较弱；后者权威性、稳定性较强，而时效性较弱。我国传统城镇化的推进过程一直习惯于依靠政策进行，呈现出短期化、灵活性和就事论事、应对式等特征，缺乏顶层设计和总体规划，导致城镇化缺乏战略性、整体性和长期性。一些推动城镇化的公共政策常常自相矛盾，治理措施流于形式，制度的协同和配套措施不完善，因此带有极强的不稳定性和不确定性。

新型城镇化的发展必须采取法治化的治理方式，严格按照法治的原则、要求与方式治理公共问题，始终贯彻法治的思维和法治的方式，维护社会公正，保障城镇化各项改革的顺利进行。要处理好政策与法律的关系，既要发挥政策手段的积极作用，又要为法律开辟足够的制度空间，实现城镇化长远、健康、稳定发展。

三、治理目标由土地城镇化向人的城镇化转变

长期以来，由于政府政绩考核导向问题，我国传统城镇化片面追求城镇化率的提高，以城镇人口的持续增加和城镇规模的不断扩张为衡量标准，许多地方政府一味追求城镇化速度而忽视质量，单纯追求城镇化率指标，对城镇人口如何能够安居乐业、如何完善城镇基础设施和基本公共服务等问题则缺乏同等程度的重视和关注，最终形成了许多“形象工程”，造成了资源大量消耗、经济结构失衡、环境污染严重、社会矛盾激化等社会问题。新型城镇化注重以人文本，治理的根本目的是满足人在城镇中生存、居住和发展的需求，实现城镇居住生态的公平、和谐、良性发展。治理的核心则是农业转移人口有序市民化和公共服务协调发展。

第四节 新型城镇化对财税体制提出新挑战

在推进新型城镇化过程中，以往的财税政策和制度存在许多问题，这些问题与现行财税体制改革不到位、不适应有直接或间接关系。财税体制面临新的挑战。

第一，新型城镇化以人的城镇化为核心，因而推进新型城镇化要以户籍制度改革为突破口。户籍制度改革带来的是社会福利制度和公共服务体系的变革。而在目前的财税体制下，各级地方政府无论是对户籍制度改革，还是在提供均等化公共服务方面，均缺乏财力和足够的动力。首要的原因是我国的税收主要依靠生产和流通环节的增值税、营业税以及企业所得税，个人所得税仅占整个财政收入的6%左右；而地方主体税种建设相对滞后，一些地方的收入来源不够稳定，财政比较困难；加上我国金融体系与金融市场发育相对滞后，融资渠道不畅。这样的收入结构使很多地方政府更多地依赖"土地财政"，土地城镇化明显快于人口城镇化，影响城镇化质量，也因此使得地方政府更加重视投资工业企业而忽略提供民生服务，以有效增加财政收入。同时，因为税制结构不合理，人口增加不能直接带来税收的明显增长，非本地户籍人口的增加更会明显加大本地交通、教育、医疗等公共服务的压力，因此有些地方会为流动人口的融入设置障碍。而且，转移支付目前是地方政府的重要收入来源，而上级政府的转移支付是按户籍人口配置的，外来人口的增加实际上是增加了财政的负担。显然，这样的财税体制无法适应新型城镇化的要求。

第二，现行财税法律制度静态化的结构缺陷，难以解决农村人口转移与流动问题。新型城镇化的过程是农业转移人口向城镇市民转变，以及不同区域之间人口流动的过程。但我国现行的财税法律体制，无论是财权、事权和支出责任的划分，还是转移支付制度的设计，都是以设定人口不流动为前提，以辖区户籍人口为基础的。动态的人口流动与静态的财税体制成为推进城镇化中的突出矛盾。[①] 这种传统的财税体制框架为各地公共服务的供给带来了难题。在城镇建设过程中，如果不能充分考虑农村人口迁移及跨城镇流动人口的需求，仅局限于城镇户籍人口的管理与服务，城镇运转就会陷入拥挤混乱和无序状态。

---

① 参见刘尚希：《我国城镇化对财政体制的"五大挑战"及对策思路》，载《地方财政研究》2012年第4期。

而且,以户籍为基础的财税政策和制度设计存在"碎片化"现象,不适应人口流动的需要,阻碍了农业转移人口市民化进程。

第三,新型城镇化的推进,带来中央和省、市、县各级地方政府原有责任的调整,尤其是城镇建设和人员流动带来的政府承担公共服务供给责任的变化,加深了我国财税体制固有的矛盾,如财力与事权不匹配等问题。最为突出的就是在现行税收管理体制下,地方缺乏主体税种,没有独立税源支持城镇建设和公共服务,有限的收入无法满足城镇建设和公共服务的资金需求。推进城镇基础设施建设和基本公共服务供给均等化发展需要有雄厚的财力支持。据中国社会科学院研究测算,我国农业转移人口市民化的人均公共成本,即政府为保障农业转移人口市民化,需要在公共服务、社会保障、基础设施扩建等方面增加的财政支出为:"目前我国农业转移人口市民化的人均公共成本约为 13 万元,其中东、中、西部地区分别为 17.6 万元、10.4 万元和 10.6 万元。"[①]2030 年前,还将有近4 亿农民要逐步实现市民化。很显然,这样庞大的资金需求仅靠目前的地方财力是难以承受的。必须加快财税体制改革,理顺中央与地方各级政府的财权和事权责任体系,提高地方政府提供公共服务的动力和能力。这是我国财税体制急需解决的现实问题。同时,在城镇化的背景下,各级政府之间公共服务供给责任的配置必须以人口的自由流动为基础,以动态的而不是静态的思维实现基本公共服务的均等化和一体化,各级政府的财权与事权之间只有建立起动态匹配的协调机制,才能更好地适应流动性和城镇化的要求。

第四,以"土地财政"为重心的地方财政收入结构不适应城镇化可持续发展的资金需求,必须建立起城镇建设资金投入的长效机制。在地方政府主导的城镇规模扩张过程中,"土地财政"起到了重要作用。从 2001～2012 年统计数据看,我国土地出让金收入占地方财政收入的比重大幅度上涨。从整体上看,全国土地出让金收入呈现稳步上升趋势(见表 1-1)。2011 年,全国用于城市维护建设的财政性资金为 11781.17 亿元,其中来源于土地出让转让的收入达 6585.51 亿元,占 55.9%。[②] 然而,过度依赖"土地财政"具有较大的风险性和不可持续性。首先,"土地财政"是以不断增加土地供给为前提的,然而土地资源

---

① 中国社会科学院城市发展与环境研究所:《农民转为市民人均成本约 13 万》,载 2013 年 7 月 31 日《新京报》。

② 参见中华人民共和国住房和城乡建设部编:《中国城乡建设统计年鉴(2011 年)》,中国计划出版社 2012 年版,第 17 页。

的有限性与不可再生性决定了“土地财政”难以为继。其次，由于“土地财政”对经济周期的依存度很高，财政收入会伴随经济周期的波动产生大幅震荡，不能长期稳定地适应新型城镇化的发展。最后，“土地财政”以金融为媒介，扩大土地抵押融资规模，致使地方政府负债过重，容易引发金融风险，并极易演变成地方财政风险。因此，必须彻底打破“土地财政”的利益格局。

表 1-1　　全国土地出让金及占地方财政收入比重(2001～2012 年)①

年份	2001～2003 年	2004 年	2005 年	2006 年	2007 年	2008 年	2009 年	2010 年	2011 年	2012 年
土地出让金收入(亿元)	9100.00	5894.50	5505.00	7000.00	13000.00	10375.00	15910.20	28197.70	31500.00	26900.00
占地方财政收入比重(%)	35.00	47.00	36.48	38.29	49.94	36.22	48.83	69.43	60.07	44.04

第五，中央与地方政府财力与事权不对等问题突出。由于分税制改革的阶段性，中央与地方政府的事权和支出责任划分不清晰、不明确，地方承担了过多的事务，中央本级支出占比较低，加上转移支付制度不够完善，影响着基本公共服务均等化和常住人口全覆盖。1994 年的分税制改革主要是财政收入划分方式的改革，以保基数、调增量为原则，对于中央与地方之间、省以下各级政府之间责权利界定不明晰，在财政体制上没有建立起科学合理的财权与事权相对称的格局，基层政府的支出责任与财力不匹配现象非常严重。地方政府既要负责地方社会的管理、兴办地方社会事业、保证地方社会福利，更要肩负起地方社会经济发展的职能。地方事权不断增加，财力却不断减弱，最终只能通过城镇规模扩张带来财政税收最大化效应，以至于形成了预算内依靠扩张带来工商业税收增长、预算外靠土地出让收入增长的格局，带来一系列问题和风险。同时，各地都存在城镇基础设施建设体制改革滞后的情况，没有建立起适应城镇化发展需要的稳定长效的资金投入机制，导致我国城镇化过程中短视情况特别突出。根据统计，分税制改革之后，中央政府本级财政收入从 1993 年的 22.02%迅速上升到了 1994 年的 55.70%，之后虽然经历了几次波动，但总体呈上升趋势，2000 年之后稳定在 52%～54%。相较之下，地方政府本级财政收入从分税制改革前的 70%左右骤降到 50%以下，财政收入分配比重大幅度降低。同时，中央政府的支出比重从 1990 年的 32.57%下降到 2012 年的 14.93%，而地方政府

① 参见黄国龙、蔡佳红:《“土地财政”的分税制根源及其对策》，载《宏观经济研究》2013 年第 6 期。

的支出比重则上升到了2012年的85.07%。地方政府不足50%的收入需要负担80%的支出(见表1-2和表1-3)。

表1-2　　中央和地方财政收入及比重(1995～2014年)①

时间	全国财政收入(亿元)	中央财政收入(亿元)	地方财政收入(亿元)	中央财政收入比重(%)	地方财政收入比重(%)
2014年	140370.03	64493.45	75876.58	45.9	54.1
2013年	129209.64	60198.48	69011.16	46.6	53.4
2012年	117253.52	56175.23	61078.29	47.9	52.1
2011年	103874.43	51327.32	52547.11	49.4	50.6
2010年	83101.51	42488.47	40613.04	51.1	48.9
2009年	68518.30	35915.71	32602.59	52.4	47.6
2008年	61330.35	32680.56	28649.79	53.3	46.7
2007年	51321.78	27749.16	23572.62	54.1	45.9
2006年	38760.20	20456.62	18303.58	52.8	47.2
2005年	31649.29	16548.53	15100.76	52.3	47.7
2004年	26396.47	14503.10	11893.37	54.9	45.1
2003年	21715.25	11865.27	9849.98	54.6	45.4
2002年	18903.64	10388.64	8515.00	55.0	45.0
2001年	16386.04	8582.74	7803.30	52.4	47.6
2000年	13395.23	6989.17	6406.06	52.2	47.8
1999年	11444.08	5849.21	5594.87	51.1	48.9
1998年	9875.95	4892.00	4983.95	49.5	50.5
1997年	8651.14	4226.92	4425.22	48.9	51.1
1996年	7407.99	3661.07	3746.92	49.4	50.6
1995年	6242.20	3256.62	2985.58	52.2	47.8

注:①财政收入中不包括国内外债务收入。

②中央财政收入均为本级收入,不包括国内外债务收入。

③地方财政收入均为本级收入,不包括国内外债务收入。

---

① 根据国家统计局网站年度统计数据整理,国家数据(http://data.stats.gov.cn/easyquery.htm?cn=C01),访问日期为2015年11月2日。

表 1-3　　中央和地方财政支出及比重(1995～2014 年)[①]

时间	全国财政支出(亿元)	中央财政支出(亿元)	地方财政支出(亿元)	中央财政支出比重(%)	地方财政支出比重(%)
2014 年	151785.56	22570.07	129215.49	14.9	85.1
2013 年	140212.10	20471.76	119740.34	14.6	85.4
2012 年	125852.97	18764.63	107188.34	14.9	85.1
2011 年	109247.79	16514.11	92733.68	15.1	84.9
2010 年	89874.16	15989.73	73884.43	17.8	82.2
2009 年	76299.93	15255.79	61044.14	20.0	80.0
2008 年	62592.66	13344.17	49248.49	21.3	78.7
2007 年	49781.35	11442.06	38339.19	23.0	77.0
2006 年	40422.73	9991.40	30431.33	24.7	75.3
2005 年	33930.28	8775.97	25154.31	25.9	74.1
2004 年	28486.89	7891.08	20592.84	27.7	72.3
2003 年	24649.95	7420.10	17229.85	30.1	69.9
2002 年	22053.15	6771.70	15281.45	30.7	69.3
2001 年	18902.58	5768.02	13134.56	30.5	69.5
2000 年	15886.50	5519.85	10366.65	34.7	65.3
1999 年	13187.67	4152.33	9036.34	31.5	68.5
1998 年	10798.18	3125.60	7672.58	28.9	71.1
1997 年	9233.56	2532.50	6701.06	27.4	72.6
1996 年	7937.55	2151.27	5786.28	27.1	72.9
1995 年	6823.72	1995.39	4828.33	29.2	70.8

注:①从 2000 年起,财政支出中包括国内外债务付息支出。

②与以往年份相比,2007 年财政收支科目实施了较大改革,特别是财政支出项目口径变化很大,与往年数据不可比。

③中央财政支出均为本级支出,2000 年以前不包括国内外债务还本付息支出和利用国外借款收入安排的基本建设支出;从 2000 年起,中央财政支出中包括国内外债务付息支出。

④地方财政支出均为本级支出,2000 年以前不包括国内外债务还本付息支出和利用国外借款收入安排的基本建设支出。

⑤2007 年起财政支出采用新的分类指标。

---

① 根据国家统计局网站年度统计数据整理,国家数据(http://data.stats.gov.cn/easyquery.htm?cn=C01),访问日期为 2015 年 11 月 2 日。

第二章

新型城镇化与财税体制改革

现代社会的复杂性要求社会治理的综合性和系统性，单一的政治或经济措施无法消解错综复杂的社会矛盾与难题。而新型城镇化更是一场深刻的社会变革，对财税体制必然有更加迫切的变革要求，对我国财税体制的改革也提出了新的挑战。目前，我国治国理念发生了根本变化，国家治理体系和治理能力的现代化成为全面深化改革的总目标。治国理念的变化对财税体制改革和财税法治建设也提出了前所未有的要求。2014 年 6 月 30 日，中共中央政治局审议通过《深化财税体制改革总体方案》，对我国财税体制改革进行了顶层设计，确定了改革的总体方案和实施路径，并在方案中明确提出，财税体制在治国安邦中始终发挥着基础性、制度性、保障性作用，彰显了财税体制的独特地位与作用。在此，我们从财税体制的新定位、新一轮财税体制改革的框架以及新型城镇化中财税体制应当作出的各项改革三个方面分别加以论述。

第一节　财税是国家治理的基础和重要支柱

20 世纪初，德国学者鲁道夫·葛德雪(Rudolf Goldscheid)提出了一个具有重要意义的观点：财政对国家和社会的演进具有决定性的影响。20 世纪最享有盛名的经济学家熊彼得(Joseph A. Schurnpter)[①]也在 1918 年发表的《税收国家的危机》中指出，现代国家因财政而生，而国家又对财政进行了深刻的塑造。他

① Joseph Alois Schurnpter(1883～1950)，美籍奥地利经济学家，当代资产阶级经济学代表人物之一。

阐述道："财政的历史能使人们洞悉社会存在和社会变化的规律，洞悉国家命运的推动力量。""一旦税收成为事实，它就好像一柄把手，社会力量可以握住它，从而改变社会结构。"①事实上，财税在不同国家形态下表现出不同的功能，而且在国家形态变迁的过程中也往往发挥着重要的推动甚至是决定性的作用，二者呈现出交相辉映的互动态势。在我国的文明发展史上同样如此，古往今来的每次重大政治变革中，无不浸润着深刻的财政原因。正如北宋政治家、文学家苏辙所说：财者，为国之命而万世之本。国之所以存亡，事之所以成败，常必由之。

一、十八届三中全会后财税体制的新定位

党的十八届三中全会明确提出，财政是国家治理的基础和重要支柱，科学的财税体制是优化资源配置、维护市场统一、促进社会公平、实现国家长治久安的制度保障。首次把财政问题纳入了"国家治理体系"的框架之中，将财政定位为国家治理的基础和重要支柱。对此，理论界普遍认为："这一重要论断是对现代财政学的重大理论突破，超越了传统的经济学范畴，把财政放在治国安邦的高度去认识。这是在新的历史条件下对财政新的认识。"②财政从此摆脱了过去只被视为财政收入与支出的局限性。

追溯我国财税理论和财税制度发展演进的历史脉络，在改革开放初期，经济发展刚刚起步，财政收入比较紧张的时候，国家财政面临的主要任务是如何保证收入。20 世纪 80 年代中后期至 90 年代初期，"振兴财政"的口号就是在这样的背景和要求下提出的。1994 年，我国实行了分税制改革，财政收入稳定增长机制逐步形成，财政收入快速增加，占 GDP 的比例稳步上升。在收入稳定增长、财力日渐丰富的背景下，"财政"更多地演变成了"分钱"问题。而此次关于财政的新定位则突出了财政的"政"，和过去注重"财"有了重大的区别。③ 财税理论的发展也是如此。从新中国成立后确立的"国家分配论"，到经济体制改革大潮中的"公共财政"理论，可以看出，我国对财税职能的认识长期以来都只是从经济层面展开的。尤其是近年来更加强调财税的宏观调控职能，直到党的十八届三中全会确立了财税对于治国安邦的基础性、支柱性功能。而对财政的新

---

① 转引自刘剑文：《财税法功能的定位及其当代变迁》，载《中国法学》2015 年第 4 期。

② 刘尚希：《不确定性：财政改革面临的挑战》，载《财政研究》2015 年第 12 期。

③ 参见杨志勇：《建立"现代财政制度"是三中全会文件的一个新名词》，载 2013 年 11 月 19 日《中国经济导报》。

定位，代表着财税体制新的改革理念与发展方向。在此，我们采用刘剑文教授所梳理的中央政策文件对财税功能的表述，可以直观展现财税观念变迁的动态过程（见表 2-1）

表 2-1　　1949 年以来官方文件对财税（法）功能的表述①

财政形态	时间	政策表述及评价	来源文件
国家财政	1949 年	“国家应在……财政政策、金融政策等方面……使各种社会经济成分在国营经济领导之下，分工合作，各得其所，以促进整个社会经济的发展。” 将财政作为经济发展的调剂工具。	《中国人民政治协商会议共同纲领》
	1951 年	“在继续保证国家财政经济工作统一领导、计划和管理的原则下，把财政经济工作中一部分适宜于由地方政府管理的职权交给地方政府。” 将财政视为国家管理经济的一种工作或职权。	《关于划分中央与地方在财政经济工作上管理职权的决定》
向公共财政转型	1993 年	“运用货币政策与财政政策，调节社会总需求与总供给的基本平衡。” “积极推进财税体制改革。” 改变财税无所不包的观念，将其作为经济工具。	《中共中央关于建立社会主义市场经济体制若干问题的决定》
	1993 年	“理顺中央与地方的财政分配关系，更好地发挥国家财政的职能作用，增强中央的宏观调控能力，促进社会主义市场经济体制的建立和国家经济持续、快速、健康的发展。” 强调“国家财政”和“宏观调控”。	《国务院关于实行分税制财政管理体制的决定》

① 参见刘剑文：《财税法功能的定位及其当代变迁》，载《中国法学》2015 年第 4 期。

续表

财政形态	时间	政策表述及评价	来源文件
公共财政	1998 年	“积极创造条件，逐步建立公共财政基本框架。” 标志着从国家财政转向公共财政。	李岚清在 1998 年 12 月 15 日全国财政工作会议上的讲话
	2003 年	“健全公共财政体制。” “进一步健全国家计划和财政政策、货币政策等相互配合的宏观调控体系。” 公共财政框架下，仍然强调财政的宏观调控作用。	《中共中央关于完善社会主义市场经济体制若干问题的决定》
	2007 年	“深化财税、金融等体制改革，完善宏观调控体系。” 财税被完全置于宏观调控之下。	党的十七大报告
	2013 年	“财政是国家治理的基础和重要支柱，科学的财税体制是优化资源配置、维护市场统一、促进社会公平、实现国家长治久安的制度保障。” 开始从国家治理的角度认识财税功能。	《中共中央关于全面深化改革若干重大问题的决定》
	2013 年	“财税体制在治国安邦中始终发挥着基础性、制度性、保障性作用。” 进一步强调财税法对于治国理政的基石作用。	《深化财税体制改革总体方案》
	2014 年	“规范政府收支行为，强化预算约束，……保障经济社会的健康发展。” 删去了“宏观调控”表述，体现以财税法规范政府财政行为的观念。	新《预算法》
	2014 年	“加强重点领域立法……加强市场法律制度建设，编纂民法典，制定和完善……财政税收、金融等方面法律法规。” 将财税列入重点立法领域，定位为一项重要的市场法律制度。	《中共中央关于全面推进依法治国若干重大问题的决定》

党的十八届三中全会将新一轮财税改革的功能定位为：优化资源配置、维护市场统一、促进社会公平、实现国家长治久安。由此确定了我国财税改革的目标和任务不仅仅是经济发展，也包含社会发展；在推动经济稳定增长的同时，也必须保障社会改革、政治改革、环境改革的全面推进。财政是连接与协调政治、文化、经济和社会发展的支柱与桥梁，其职能作用体现在经济、政治和社会等各个方面。第一，财政既要在优化资源配置、维护市场统一方面发挥经济职能作用，也要在促进社会公平方面发挥社会职能作用，要把效率与公平有机地融合在一起，为国家的长治久安提供保障，这无疑是财政的政治保障功能的体现。第二，财政与公共管理、公共政策、政府管理等综合性的国家治理问题紧密联系。没有科学合理的财政管理，有效的国家治理也就无从谈起。第三，财政是政府与市场、政府与社会、中央政府与地方政府之间联系的纽带，财税体制本身的科学性、稳定性、规范性以及对社会的调节能力，直接影响着国家治理的水平和效果，是政府治理和履行职能的基础。第四，财税是国家宏观调控的核心工具，税收、预算、公债、补贴、投资等各项政策实施都离不开财政税收。财税是政府调节经济波动、促进社会健康发展的基础性工具。[①] 第五，在当前我国全面深化改革的背景下，面对国家治理中的现实困境，在国家治理体系中众多领域的制度选择当中，唯有财政改革能够起到“牵一发而动全身”的效果。财政活动全面反映国家活动，财政行为的合理与否直接决定着政府活动的合理性。没有健全的财政，国家治理就缺乏财力支持和保障。良好的国家治理离不开财政，没有健全的财政配合的国家治理，轻则影响政府公信力，重则导致国家衰亡。[②] 因此，财税改革是服务于社会全面改革的改革，是规范国家行为的基础、前提和支柱，也是制度保障。

二、财税体制改革是着眼长远机制的系统性重构

中国的财税体制自新中国成立以来经历了几次重大变革，而目前新一轮的财税体制改革，无论是其改革内容、力度还是所处的地位与作用，均与以往有着本质的不同。2014 年，习近平总书记在中央全面深化改革领导小组第三次会议

---

① 参见杨柳、沈肇章：《新常态下我国财税改革的重点与创新路径》，载《现代经济探讨》2015 年第 9 期。

② 参见刘剑文：《财税法功能的定位及其当代变迁》，载《中国法学》2015 年第 4 期。

上提出:“财税体制改革不是解一时之弊,而是着眼长远机制的系统性重构。”[①]时任财政部部长楼继伟又进一步加以阐述:“深化财税体制改革不是政策上的修修补补,更不是扬汤止沸,而是一场关系国家治理现代化的深刻变革,是一次立足全局、着眼长远的制度创新和系统性重构。”[②]要进行“系统性重构”的财税体制改革必然要以法治作为基础和保障。在此,重新认识和强调我国财税体制在国家治理中的地位和作用,深刻理解财税体制改革是“一次立足全局、着眼长远的制度创新和系统性重构”,是做好新型城镇化工作的重要前提和基础。而分析和总结我国新一轮财税体制改革与分税制改革的区别,可以帮助我们更好地理解“系统性重构”的深刻内涵。

十八届三中全会提出新一轮财税体制改革的目标,是要建立“与国家治理体系和治理能力现代化相适应”的现代财政制度,这次改革在重要意义上可以和 1994 年分税制改革相提并论,但改革的重点和本质则完全不同。1994 年的分税制改革是新中国成立以来的重大制度创新,是一个里程碑性质的改革。它首次建立了中央与地方之间财政关系的制度,确立了政府与企业之间规范、统一、透明的税收关系,增强了中央财政的实力,并且通过系列改革解决了国企三角债、银行业面临破产等一系列改革难题。分税制改革的焦点是财政收入的划分,主要是规范国家和企业、中央和地方收入关系。可以说,分税制改革是解决困难的一次改革,目标是增强中央财政的统筹力量以推进经济体制改革,同时建立中央与地方政府正确的财政激励体制。但是,分税制不是建立财税体制的根本性改革,当时的历史条件也不允许根本性改革,它是在经济体制改革的框架下提出的,其意义是在“事权与财权相结合”的原则下解决了财权和财力分配的问题。而且,分税制改革的不彻底导致目前我国财税体制中出现了明显的负面效应,地方债上升、地方财力依赖土地财政、中央与地方政府间财权事权划分不公、转移支付效率低下等问题层出不穷。

分税制改革后历经 20 年的发展,期间进行了多次补充和完善,强化了公共财政的职能,在此基础上进行新的财税体制改革的条件也已经成熟。十八届三中全会首次把财政问题纳入“国家治理体系”框架之中,提出财政是国家治理的

---

① 习近平:《改革要聚焦聚神聚力抓好落实》,新华网(http://news.xinhuanet.com/politics/2014-06/06/c_1111024486.htm),发布日期为 2014 年 6 月 6 日,访问日期为 2015 年 11 月 23 日。

② 楼继伟:《一场关系国家治理现代化的深刻变革——财政部部长楼继伟详解深化财税体制改革总体方案》,新华网(http://news.xinhuanet.com/fortune/2014-07/03/c_1111449207.htm),发布日期为 2014 年 7 月 3 日,访问日期为 2015 年 10 月 5 日。

基础和重要支柱，并提出深化财税体制改革的目标是建立现代财政制度，不再只是政策上的修修补补，而是在原来的基础上立足全局、着眼长远，进行制度创新和系统性重构。新一轮财税体制改革被赋予了建立现代社会基础制度的重任，这也是财税制度新的地位和作用所决定的。楼继伟接受《人民日报》采访时表示，新一轮财税体制改革是要建立"与国家治理体系和治理能力现代化相适应"的现代财政制度，这是一个非常重要的转折。这次改革的不同之处在于它从"系统性重构"财政体制及其运行机制入手，在改革内容与范围的取舍上，既有利益格局的适当调整，也更注重新型财税体制的建立和财税运行机制的转换，从而走上了制度创新之路。

总之，1994 年分税制改革构建了我国现行财税体制的基本框架，但在 20 年的运行中仍然存在诸多难以解决的问题。这些问题折射出 1994 年财税改革的缺陷，也意味着现行财税体制已经无法适应改革的深化与发展，注定要走上进行"系统性重构"、建立现代财政制度的改革之路。如果说 1994 年财税改革的目的是建立"与社会主义市场经济体制相适应"的体制框架，那么，新一轮财税体制改革就是要建立"与国家治理体系和治理能力现代化相适应"的制度基础。①

第二节　新一轮财税体制改革的目标与任务

破解当前中国经济社会发展的诸多难题，要以财税体制改革的全面深化为前提。十八届三中全会对全面深化改革作出重要部署，要求必须完善立法、明确事权、改革税制、稳定税负、透明预算、提高效率，建立现代财政制度，发挥中央和地方两个积极性。要改进预算管理制度，完善税收制度，建立事权和支出责任相适应的制度。明确提出了新一轮财税体制改革的目标和任务，即要从正确处理好政府与市场关系、政府与社会关系、市场与社会关系出发来设计和推动各项具体的财政改革，使新型的财政制度成为国家治理与可持续发展的有力支撑。2014 年 6 月，中共中央政治局审议通过《深化财税体制改革总体方案》，针对新一轮深化财税体制改革完成了具有整体性和总揽性的顶层设计：深化财税体制改革的目标是建立统一完整、法制规范、公开透明、运行高效，同时有利

---

① 参见刘剑文：《财税法功能的定位及其当代变迁》，载《中国法学》2015 年第 4 期。

于优化资源配置、维护市场统一、促进社会公平、实现国家长治久安的可持续的现代财政制度。2015年12月24日，中共中央、国务院发布了《深化国税、地税征管体制改革方案》，提出了31项具体任务，进一步推进了财税体制改革的深化。

一、新一轮财税体制改革需要解决的问题

中国目前的财税体系是在1994年分税制改革及随后的几次调整中逐步形成的。虽然几经调整，但财政收支结构和管理仍存在许多问题。一是我国的所得税与流转税的比重严重失调，个人所得税在全部税收收入中比重偏低，加重了当前我国经济结构中消费比重偏低和投资需求畸高，以及以投资为主的产业发展相对过剩的状况。二是税收体制中间接税过多而直接税较少，造成收入分配不公；而且税制功能发挥不够，筹资功能有力而调节和稳定功能不足，对收入分配、资源节约、环境保护等方面的调控力度有限。三是地方税收体系迄今仍未能成型，税源狭窄，税基不稳，划归地方的税种大多都是税源零星的小税种。四是省级以下的收入划分由省级政府根据地方实情自主决定，缺乏规范性，造成财力逐渐向省、市级集中，基层财政日益困难，积累了巨额债务，地方政府的支出越来越多地依赖土地出让收入，直接推升房地产泡沫。五是地方事权过多而财力不足，不得不大量依赖中央对地方的转移支付。转移支付本是定位为财政体制“拾遗补缺”的修正机制，现在却逐渐演变为政府间财力配置的“主角”。转移支付结构也存在问题，由于我国事权的决策、政策和标准制定权高度集中，中央政府部门纷纷通过制定和发布各类事业发展纲要、战略、专项规划来明确经费保障要求，并通过设立各类“专项资金”和“专项转移支付”来配套落实政策，致使越来越多的中央政策形成“专项依赖”。在管理上，专项资金和专项转移支付大多分散到各政府职能部门，使政府职能部门演变成了一个个利益集团，使专项削减难上加难。另外，中央财政的转移支付存在效率不高、转移过程不透明、不重视绩效考核的情况。

显然，这个制度需要改革的地方很多。归纳起来，主要有：一是要解决中央和地方的财力与事权不匹配的难题；二是要改善中央对地方的转移支付整体无效率问题；三是要解决地方债务日趋严重、土地财政盛行问题；四是要改变财政支出结构和税制不合理的现状，尤其是要优化地方的财政支出结构；五是要调整税制结构等等。

二、新一轮财税体制改革的目标和方向

十八届三中全会针对财税体制方面的突出问题，提出了全面深化改革的顶层设计、总体规划及改革的总体方案、路线图和时间表。根据十八届三中全会的战略部署，要完善城镇化健康发展的体制机制，必须坚持走中国特色新型城镇化道路，推进以人为核心的城镇化，推动大中小城市和小城镇协调发展、产业和城镇融合发展，促进城镇化和新农村建设协调推进。

首先，科学划分财权事权，优化转移支付制度，重塑分税制。中央上划一部分由地方政府承担的事权，如司法、边境事务、食品药品安全、义务教育、社会保障等。事权上收后，地方政府支出责任将明显减少，可以逐步取消一些不符合经济社会发展要求的专项转移支付项目。下放部分属于地方事权且信息复杂程度较高的专项转移支付项目给地方管理，整合部分使用方向类同、政策目标相近的专项转移支付项目，优化转移支付结构，提高转移支付效率。

其次，积极推进税制改革，完善地方税收体系。健全地方税收体系对于新型城镇化的发展是至关重要的一个环节。合理设计地方税收体系，增加主体税种，扩大税源，稳定税负，可以有效解决地方财力不足的现状。一是增加地方税的主体税种。在这个方面，理论界争论很多，比较集中的几种建议是将消费税或者资源税作为地方税的主体税种。如有学者建议调整消费税征税环节，将其设为地方税种。目前绝大多数消费税在生产环节征收，消费税收入全部划归中央。应当进行消费税改革，给予省以下地方政府一定的自主权，由地方政府决定对何种产品征税、如何征税，收入划归到地方。改变征收环节，改在销售环节征税，扩大消费税征收范围，将严重污染环境、过度消耗资源的产品等纳入征税范围，引导资源更多地向增加生产性资本、提高生产率的方向配置，逐渐减少地方对土地财政的依赖。引导地方政府更热心地提供公共服务和宜居环境，从而促进经济增长方式的转变。另外，也有学者建议推进房产税改革，逐步把房产税、资源税等培育成地方主体税种。要扩大房产税试点，部分收费可改为税，如排污费可改为环境税以作为地方财政收入，使房产税成为未来地方政府收入中的重要部分。二是“营改增”之后，应当对增值税制度的健全完善和增值税分成比例作出相应的调整与安排，并且，结合税制改革，在保持现有中央和地方财力格局总体稳定的前提下，遵循公平、便利、效率等原则，统筹考虑税种属性和功能，进一步理顺中央和地方收入划分。三是整合部分地方小税种，稳定税负，提

高征管效率。四是地方政府要转变旧观念，合理确定土地出让收入在不同主体间的分配比例，将土地出让收入纳入公共财政进行透明化管理，提高土地出让收入的使用效率，彻底改变“土地财政”的利益格局。五是要积极推进税制改革，建立促进产业发展、提升活力与动力的长效税收制度。①

最后，深化预算制度改革，构建完整、规范、透明的预算体制，提高财政预算的透明度。建立预算信息公开的法律体系，完善预算管理制度，健全预算信息发布工作机制，完善预算监督体系。2014 年 8 月，预算法完成首次修改并颁布实施，推进了预算管理体系的规范化、科学化进程。应当推进预算法的实施，并针对修订后依然存在的不完善之处，继续深化预算制度改革。

目前，新一轮财税体制改革已经取得了初步成效。财税体制改革包括改进预算管理制度、完善税收制度、建立事权和支出责任相适应的制度三大任务。其中，预算管理制度改革是深化财税体制改革的基础，也是财税体制改革的先行步骤，改革目标是完善预算管理制度，加快建立全面规范、公开透明的现代预算制度。预算管理制度改革在推进依法理财、完善政府预算体系、编制中期财政规划、全面推进预算公开、加强地方政府性债务管理等方面已取得积极进展。税制改革有序推进，中央与地方财政体制改革的研究也在不断深入。②

第三节　新型城镇化进程中财税体制改革的框架

新型城镇化的推进过程中，财税制度的取向至关重要。宣晓伟曾经提出，推动中国的城镇化迈向新路，首先，要逐步将基本公共服务均等化落实到位，要明确并落实中央政府为每一个中国公民提供水平大致相当的最基本公共服务的责任。其次，城镇化的推进要由“政府主导”转为“多方参与、政府引导”。要打破地方政府在一级土地市场上的垄断地位，地方政府的作用应转向加强规划制定执行、维护土地市场秩序、加强相应的监管和税收。再次，地方政府要由“土地财政”逐渐转向“房产财政”，明确房产税在未来城镇化模式中的地位，逐步发挥其作用。最后，中央和地方在事权分担上要由“事权共担”转向“分层分类责权关

① 参见王保安:《新型城镇化与财税体制改革》，载《行政管理改革》2014 年第 7 期。

② 参见刘尚希:《不确定性:财政改革面临的挑战》，载《财政研究》2015 年第 12 期。

系”，进一步明确和规范中央和地方之间的事权关系，推动农民工市民化的转变。①这不失为对新型城镇化进程中财税体制改革框架的一个客观描述。

一、深化财政体制改革，合理划分事权和支出责任

中央地方关系的调整是城镇化发展的根本推动力之一，也是形成传统城镇化模式的重要原因。1994 年，分税制改革使部分财权上收，增加了中央政府对全国经济形势的宏观调控能力。但各级政府之间事权划分不清晰的局面最终导致了“财权层层上移，事权级级下放”的弊端，地方政府财力与事权不匹配问题日益凸显，不同地区的公共服务差异随着地方经济发展的差距而不断被拉大。虽然近年来中央加大了对地方政府的税收返还和转移支付力度，但仍然不能满足不断增长的各项财政支出需求。为了弥补日益扩大的财政支出缺口，稳定地方经济增长，地方政府大力发展土地财政，结果带来许多弊端。

要改变现状，最为根本的措施之一就是要调整中央和地方的关系。应以新型城镇化为契机，从明确中央与地方支出责任入手，明确城镇化进程中各级政府的支出责任和财力保障，并建立辖区财政责任制度，以常住人口为标准保障公共服务的有效供给，建立良性可持续运转的财政体系。首先，中央可以上收部分地方政府承担的事权，比如司法、边境事务、食品药品安全、义务教育、社会保障等，相应减少中央政府对地方的转移支付。其次，调整转移支付制度。上收事权后，地方政府的支出责任将明显减少。一些不符合经济社会发展要求的专项转移支付项目应逐步取消，将部分属于地方事权且信息复杂程度较高的专项转移支付项目下放地方管理；一些使用方向类同、政策目标相近的专项转移支付项目可予以整合，优化转移支付结构，提高转移支付效率。要适应人口流动，以常住人口为基础完善转移支付制度，建立财政转移支付同农业转移人口市民化挂钩机制。在转移支付制度改革中，应当从公共服务均等化的角度并立足于公平原则，明确转移支付的政策目标，将转移支付项目重点聚焦于经济欠发达地区的交通、环保等城市基础设施建设，以及教育、医疗等重大民生扶持项目。最后，充分考虑公共事项的受益范围，信息对称性和地方自主性、积极性，合理划分城镇化进程中不同层级政府的事权和支出责任。尤其在推进农业转移人口市民化方面，各级政府应根据基本公共服务的事权划分，承担起相应的财政支出责任。

---

① 参见宣晓伟：《中国城镇化如何从老路迈向新路发展》，国研网（http://znzg. xynu. edu. cn/Html/?14592. html），发布日期为 2013 年 5 月 12 日，访问日期为 2015 年 11 月 23 日。

二、调整财政支出结构，实现基本公共服务均等化

推进新型城镇化必须消除城乡二元结构带来的差异，通过基本公共服务的均等化让人们共享改革发展的成果，真正实现“学有所教，劳有所得，病有所医，老有所养，住有所居”。目前，我国城乡之间、不同地区之间的基本公共服务水平存在很大差异，要改变这种状况，必然涉及中央政府与地方政府之间、不同地区之间、城乡之间、城市居民与流动人口之间的利益调整，因此需要财税体制的创新和变革。

第一，调整财政支出结构，进一步扩大财政支出中民生支出的比例，强化政府的基本公共服务供给责任，增强公共服务能力，推进建立包括农业转移人口在内的基本公共服务体系，实现基本公共服务均等化，稳步推进城镇基本公共服务常住人口全覆盖、城乡基本公共服务均等化和城乡一体化发展。

第二，以政府公共投资带动优化投资结构。扩大政府公共投资是迅速形成经济增量、拉动经济增长、促进就业最直接有效的办法。在保持政府公共投资力度的同时，需要注重优化投资结构，重点支持保障性安居工程、农村基础设施、教育医疗卫生等社会事业、节能环保以及企业技术改造等领域的发展。

第三，创新投资资金运作机制，强化对民间投资的鼓励与引导，放大政府投资的拉动作用。政府公共投资要和刺激消费、统筹发展、转变机制、深化改革等有机结合起来，加快社会事业改革与发展。

第四，进行户籍、土地、财税三项制度的联动改革。如将城镇和工业征用农用地的使用指标与农业转移人口市民化的指标挂钩，使城镇扩张收益与农业转移人口市民化的真实成本(包括子女教育、养老与医疗保险、基本住房保障等公共服务支出)建立起对应关系，平衡土地城镇化和人口城镇化，有效改变现有城镇化进程中只顾使用廉价农村务工人员而不承担相应经济和社会责任的状况，把土地城镇化和人口城镇化紧密联系在一起，形成户籍—土地—财税三项制度的良性联动机制。

第五，树立动态平衡、长期发展的理念。推动财税改革，应在动态中处理好民生与发展、发展与稳定、短期与长期、利益与风险之间的关系。城镇化的推进容易出现两个误区：一个是过分追求发展的速度和规模，忽视民生问题的解决，陷入为发展而发展的误区，偏离了本原的目标；另一个是过分强调改善民生的力度和时限，把促进发展的必要资源过多地用于当下民生问题的解决，陷入杀

鸡取卵的误区。一旦落入这两个误区当中，就无法处理好民生与发展的关系，产生另一种公共风险。既不能实现良性发展，也不能从根本上改善民生，从而背离可持续发展和长治久安的战略目标。①

三、完善财税政策制度，促进经济发展方式转变

推进新型城镇化发展，应当重点围绕转变经济发展方式来调整财税政策和财税制度。一要重点推进资源有偿使用制度和生态环境补偿制度改革，以制度促进结构调整、节能降耗和生态环境保护，使经济增长建立在结构优化的基础上。二要把推动自主创新与培育战略性新兴产业结合起来，完善有利于提高自主创新能力的财税政策，加大财政投入，落实支持中小企业发展的税收优惠政策。三要把统筹城乡区域协调发展与推进新型城镇化结合起来，制定实施相关财税扶持政策，进一步扩展经济发展空间。四要创新财政支农政策，完善运作机制，不断调整支持环节和对象，改进农业补贴方式，大力推进我国农业的规模化、产业化和现代化。五要在稳步增加"三农"投入的同时，注重发挥政策引领作用，带动社会资本投入"三农"领域。六要注重提升农业综合生产能力与生产效率，以高效农业确保国家粮食安全和主要农产品有效供给，以农业现代化支撑城镇化，实现城乡统筹共同发展。

总之，推进新型城镇化发展，我国的财税体制改革应摒弃单纯的经济思维，以系统性思维做好顶层设计，从正确处理好政府与市场关系、政府与社会关系、市场与社会关系出发，设计和推动各项具体的财政改革，真正实现"系统性重构"，使新型的财政制度成为国家治理与可持续发展的有力支撑。

---

①　参见刘尚希：《不确定性：财政改革面临的挑战》，载《财政研究》2015 年第 12 期。

第三章

我国城镇化的演变和财税法律制度的发展

经济学家熊彼特曾经指出，研究财政能使人们洞悉社会存在和社会变化的规律，洞悉国家命运的推动力量，同时也能洞悉具体的条件，特别是组织形式发展和消失的方式。[①] 财政上的变化是一切变化的重要原因之一，而所有的变化都会在财政上有所反映。纵观人类的发展史，在某种意义上可以说就是财政制度史，在财政制度背后，立法与行政、中央与地方、国家与纳税人、政府与市场的关系得以全面体现。几乎所有国家政策体制的调整，都与财税有着直接或间接的联系。“从静态的角度看，财税法在不同国家形态下被赋予不同的功能、表现出不同特征；从动态的角度看，在国家和社会变迁的关键时期，财税理论与制度的变革又往往发挥着至为重要的作用，成为国家转型的重要推手和先声。”[②]探讨历史发展过程中财税与国家经济政治制度、社会结构变迁的相互关系，重新认识财税在国家变迁与社会转型中的重要作用，可以帮助我们更加深刻地理解财税法律制度在治国安邦中的基石地位，以及在新型城镇化发展中的重要地位和作用。

新中国成立以来，我国的财税体制改革主要体现在三个领域：一是税收体制改革；二是财政管理支出改革；三是政府间的财政关系，主要是中央和地方政府之间的财政关系改革。各领域改革都与当时的经济社会发展密不可分。我们将从这三个方面来分析新中国成立后我国财税法律制度的演变和发展、其与国家政策调整之间的关联以及与我国城镇化发展之间的关系与互动。

---

① 参见毛寿龙、冯兴元主编：《规则与治理：理论、现实与政策选择》，浙江大学出版社 2014 年版，第 17 页。

② 刘剑文、陈立诚：《国家变迁的财税法观察——以税收观念演进为线索》，载《江淮论坛》2015 年第 3 期。

第一节　改革开放前财税法律制度的建立和发展

一、城乡二元经济社会结构

任何政策与制度的选择都受制于当时当地的客观条件和环境因素。新中国成立后，为摆脱穷困的经济状况，国家选择了优先发展重化工业的发展战略，建立了城乡二元分割的社会管理体制，并为提高财力确立了统收统支的基本财税制度。

我国城乡经济社会二元结构的形成有着深刻的历史背景。新中国成立之初，国内经济贫穷落后，生产力水平低下，国民生产总值只有500亿元，人均年产值仅为100元；国外则面临西方国家的经济封锁、朝鲜战争以及台海局势的压力。迅速发展经济，增强国家经济实力，建立独立的国民经济体系，成为关系国家生死存亡的头等大事。为解决国内外压力，促进国民经济的复苏和发展，我国选择了优先发展重化工业的发展战略。重化工业生产链条长，需要来自各方面的投入。因此，我国采取了苏联的社会主义工业化模式，即依靠建立单一的公有制和计划经济来推行优先快速发展重工业的战略。国家收入分配由农业向工业、由农村向城市倾斜，让农业为重工业优先发展提供积累，逐步建立起农业支持工业、农村支持城市和城乡分隔的“二元经济”体制。①

为确保重工业优先发展战略的实施，国家建立了一整套高度集中的计划经济体制，在农村建立了集工、农、商、学、兵于一体的人民公社，实行三级所有、队为基础的经济制度，对农产品实行统购统销。具体做法是国家以低价对农产品实行统购、派购(1985年以后改粮食统购为定购)，对工业品则核定高出其价值的价格，使工农业产品价格形成“剪刀差”。“剪刀差”差额部分由国家以利润或税收的形式集中起来，转化成工业化所需资金。这套完整的制度体系解决了当时国家与分散小农交易的难题，为从高度分散、剩余极少的千万个小农家庭吸收工业化所需资金提供了强有力的制度支持。经过几十年的努力，一个独立并较为完整的工业体系和国民经济体系基本建立起来。

可以说，新中国成立初实行重工业优先发展战略和计划经济管理体制，是

① 参见武力:《1949－2006年城乡关系演变的历史分析》，载《中国经济史研究》2007年第1期。

受制于当时国际国内环境的必然结果。除此之外，还有一个重大的原因，就是我国的“基本国情矛盾”。长期研究农村问题的专家温铁军曾经提出，我国一直存在一个基本国情问题，就是人口与资源之间关系高度紧张。[①] 中国国土面积虽然有960多万平方公里，但只有占全部国土面积9.4%的平原适合于农业、工业和城市的发展，人口却长期居世界第一。在改革开放前，我国人口增长很快，从1949年的4.47亿人到1976年的7.92亿人，增加了3.45亿人；耕地却只增加了2200万亩，虽然农业实际产量从1949年的1847.1亿斤增加到1976年的5173.3亿斤，增加了3326.2亿斤，但人口的快速增长基本上抵消了粮食的缓慢增长，农业处于一种有增长而无发展的境地。在这样一个人口膨胀、资源有限的国情制约下，中国要试图达到资源短缺下的公平、人民的生活安定和社会安定，要实现工业化，几乎是必然地派生出城乡二元体制，将工业集中在城市，不断追求资本增加；同时形成内生性排斥劳动力的机制，大量的农村人口不可能随着这种工业化变成城市人口，这是形成城乡二元结构的内在原因。

虽然从当时的历史背景分析，城乡二元格局有其存在的道理，但是从整体上来看，它的存在很大程度上延缓了我国农村乃至整个社会的进步与发展。一方面，我国的城乡人口比率并没有伴随国家工业化进程的加快而发生根本变化，城镇化建设受其影响一直处于缓慢甚至中断的状态；另一方面，二元社会结构阻碍了现代化发展所需观念的培育和制度的建立。城乡分割的户籍制度、资源分配制度等使二元社会结构的运行机制模式化、凝固化，造成了工业与农业、城市与乡村发展的严重失衡，最终阻碍了全社会的发展。

二、城乡二元社会管理体制

新中国成立后，为确保重化工业优先发展战略的实施，在社会和人口管理上，我国对城市和农村分别实行了两套严格的户籍管理制度，从20世纪50年代初期开始逐步限制农村人口向城市流动。1957年，中共中央国务院发布《关于制止农村人口盲目外流的指示》；1958年1月，第一届全国人民代表大会常务委员会颁布《中华人民共和国户口登记条例》，规定农民由农村迁移到城市，必须持大城市劳动部门的录用证明、学校录取证明，或者城市登记机关的准予迁入证明。此后，以户籍制度为基础，又先后制定了城乡分割的粮食供给、副食品

① 参见温铁军：《“三农”问题的研究思路》，载《四川物价》2005年第3期。

与燃料供给、住房、教育、就业、医疗、养老、婚姻等制度。同时，在计划经济的体制下，国家建立了统收统支的财政管理体制，农村人民公社的主要职责就是贯彻和执行国家下达的生产计划和生产任务，尤其是必须完成国家规定的粮食和农副产品征购与派购任务。

从社会保障方面，当时的人民公社在经济十分窘迫的情况下，建立起一整套低成本运行的初级社会保障制度。人民公社社会保障的实现手段和渠道多种多样，既有生产贷款、粮食返销和分配透支，也有社会救济和公益金补助；既有平均主义式的人人共享，也有以救济贫弱为重点的扶贫制度。农村合作医疗是人民公社时期另一项重要的社会保障制度。从20世纪60年代开始，人民公社普遍设立了面向全体社员的公共卫生保健制度。它具有两个鲜明的特点：第一，几乎覆盖了全国所有乡村，并具有高效统一的制度特征。公社时期，很多农村流行性、多发性顽疾正是凭借这一卫生保健制度，在很短的时间内得以减少甚至根除。第二，人民公社这种带有极浓行政色彩的、以乡村社区自我保健为主的卫生制度，以极为低廉的成本维持了整个乡村公共保健制度的运行。在当时的中国，医疗投入的绩效远好于同时期同类国家。据世界银行的调查，仅设置"赤脚医生"一项，就将中国医护人员与人口的比率提高了一倍；公社晚期，中国农村居民的医疗开支仅为7美元，其享受到的医疗护理在其他国家约需数百美元才能达到。[①] 当然，受当时的制度特征和经济发展水平所限，这套社会保障体制只能维持初级的保障水平，在人民公社后期更是举步维艰，无法维持正常运行。

但是，从历史发展的角度来看，城乡二元管理制度阻止了农村人口向城市的自由流动，使城乡差距加大，导致城镇化发展缓慢，也阻碍了社会经济的全面发展。这种体制割裂了劳动绩效和产量的联系，不能建立起良好的劳动激励机制。而且，由于它忽视市场机制与价值规律的调节作用，长期推行必然在社会总供给和总需求之间、农轻重之间、基础工业与加工工业之间、生产资料生产与消费资料生产之间出现严重不协调，使得经济发展速度难以持续保持，农村经济运行长期处于低效率状态。

---

① 参见财政部外事财务司组织译校：《中国：社会主义经济的发展——世界银行经济考察团对中国经济的考察报告(主报告)》，中国财政经济出版社1982年版，第76～79页。

三、税收法律制度的建立与发展

从1949年新中国成立到1978年改革开放前，我国的税收法律制度可以划分为三个发展阶段。

第一阶段，1950年建立新税制。新中国成立后，政府立即着手建立新税制并于1950年1月30日颁布了《关于统一全国税政的决定》和《全国税政实施要则》，规定全国一共设立14个税种，即货物税、工商业税（包括营业税和所得税两个部分）、盐税、关税、薪给报酬所得税、存款利息所得税、印花税、遗产税、交易税、屠宰税、房产税、地产税、特种消费行为税和使用牌照税。在以后的执行过程中，对税制又进行了部分调整。到1957年时，我国初步建立起一套以多种税、多次征为特征的复合税制。新税制的建立和实施对于保障财政收入、稳定经济、促进新中国成立初期国民经济的恢复和发展发挥了重要的作用。

第二阶段，1958年简化税制。1958年，我国实施大规模的税制改革，主要内容是简化税制，试行工商统一税，将货物税、商品流通税、印花税和工商业税中的营业税部分合并为工商统一税，并一度在城市国营企业试行"税利合一"，即将税收与利润合并上缴，在农村人民公社试行"财政包干"。至此，我国共设立14项税种，即工商统一税、盐税、关税、工商所得税、利息所得税（1959年停征）、城市房地产税、契税（20世纪50年代中期以后基本停征）、车船使用牌照税、船舶吨税、屠宰税、牲畜交易税、文化娱乐税（1966年停征）、农业税（1958年由全国人民代表大会常务委员会立法）和牧业税。

第三阶段，1973年再次简化税制。由于"文革"的影响，1973年，我国开始第二轮简化工商税制，共设有7种税，即工商税、工商所得税、城市房地产税、车船使用牌照税、屠宰税、工商统一税和集市交易税。其中工商税是由工商统一税及其附加、城市房地产税、车船使用牌照税、盐税和屠宰税合并而成，但是上述税种并没有取消，其中盐税继续按照原来的办法征收。当时财政管理体制和税收制度的混乱由此可见一斑。

可以看出，在改革开放以前，我国税收的地位和作用实际上呈现出逐渐减弱的趋势。在国民经济恢复和社会主义改造时期，国家非常重视税收的作用。税收不仅为国家经济建设积累了资金，而且对于经济发展发挥了一定的调节功能，有力地支持了经济恢复与社会主义改造。但自1958年以后，我国税制几经变革，走的都是片面简化的路子。新中国成立初期以多种税、多次征为特征的复合税制，在经历两次大规模的简化后，工商税制只设 7 种税，而且几乎都是流转税，对国有企业只征工商税，对集体企业只征工商税和工商所得税。同时，减免随意，税率难定，税收的调节功能缺失。随着税制的简化，税务机构被大量撤并，大批税务人员下放或改行。税种越来越少，税制越来越简单，严重妨碍了税收职能作用的发挥。① 而且从总体上看，在改革开放前，我国的财政收入更多地依赖国有企业的上缴利润，税收收入居于次要地位。据统计，1956～1978 年间，企业收入占国家财政收入的 52.45%，税收收入只占国家财政收入的 46%。②

四、财政管理体制的变迁

从新中国成立到改革开放之前，根据不同时期的经济发展状况、政治形势变化以及社会管理的需要，经过不断调整，我国逐步形成了与计划经济体制相配套的高度集中的财政管理体制。根据学者们的划分，新中国成立后至改革开放前，我国历经了四个经济发展阶段：恢复国民经济、实行社会主义改造、全面建设社会主义以及“文化大革命”阶段，财政管理体制在各个阶段也呈现出不同的特点。

一是恢复国民经济阶段的财政。新中国成立初期，我国财政承受着巨大的压力。据专家测算，当时需要的财政支出几乎是财政可能取得的收入的两倍多。为彻底解决财政危机，我国建立了“收支两条线”的财政管理模式。地方将征缴的财政收入如数上交中央，所需支出由中央财政另行拨付，财政收入与支出之间不发生直接联系。这种“收支两条线”模式使财政的收支权限都集中在中央政府手中，增强了中央政府对财政的控制以及应对财政危机的能力。

二是实行社会主义改造阶段的财政。1952 年，国民经济得到了基本恢复，政权逐渐稳固，高度集中的财政体制也有所松动。为进一步调动地方政府的积极性，1953 年，政务院开始实行中央、省(市、区)、县(市)三级预算，“划分收支、分级管理”的财政体制。但财政收支仍然以中央为主，中央政府的财政收入与支出都超过全国的 70%。

三是全面建设社会主义阶段的财政。为发挥地方政府的积极性，中央政府开始向地方政府下放财政管理权限，并继续坚持走重工业化道路。在农村则对

---

① 参见楼继伟：《中国三十年财税改革的回顾与展望》，载吴敬琏等主编：《中国经济 50 人看三十年——回顾与分析》，中国经济出版社 2008 年版，第 323～346 页。

② 参见贾康、赵全厚：《中国财政改革 30 年：政策操作与制度演进》，载《改革》2008 年第 5 期。

人民公社实行以"财政包干"为中心内容的农村财政管理办法,中央政府的收支比重逐渐降低。但从1961年起,中央政府改变了原有的中央、省(市、区)、县(市)三级财政管理模式,把财权集中到中央、大区和省三级,并收回一部分重点企事业单位的收入作为中央收入,将基本建设投资改为中央专案拨款。自1962年起,中央政府收支比重又重新超过地方。

四是"文化大革命"时期的财政。"文化大革命"运动使我国经济社会陷入混乱状态,工农业生产大幅度下降,财政收入也大幅度减少,许多地方政府甚至难以保障行政事业单位正常运转的基本需要。为克服困难,中央改革财政体制,重新实行了财政"收支两条线",即收入全归中央统一调度,支出全由中央供给,以保障各级政府运转的需要。经过整顿,经济运行秩序得到恢复,财经状况开始好转。但在1975年,整顿工作被迫停止,财经状况再次恶化,财政收入大幅度下滑,我国再次陷入严重赤字的困境之中。

综上所述,随着新中国的建立和巩固,我国财政逐步建立和发展起自己的体系,在恢复国民经济过程中,在社会主义改造和全面建设社会主义的历史进程中,发挥了重大作用:支持我国建立起比较完整的国民经济体系,特别是工业体系,奠定了工业化的基础;支持我国发展各项社会事业,促进了社会的全面进步;为改革后的经济发展奠定了政治和制度的基础,也奠定了物质基础,基本完成了时代赋予的历史使命。从新中国成立以来财政体制的调整历程可以发现,这一时期财政体制的调整都是从政策需要出发由中央政府主导的。每一次调整都是为了缓解国内的财政压力,服从于为经济发展服务的目标。这一时期所实行的高度集权的财政体制,是把经济规律发展的客观要求同政府行为相结合的产物,这是其取得成效的原因所在。

但是,我们也要看到,随着社会主义经济建设规模不断扩大,经济关系日趋复杂,人民物质文化生活需求不断提高,计划经济体制下的财政体制与运行机制的弊病逐渐显露。计划经济的最大特征是高度集中,强调政府统一计划的作用。财政体制在这方面的特点尤为突出:财权高度集中在中央,尽管经历数次变动,但财政统收统支的框架并没有被打破。这种高度集中的财政管理体制忽视了各部门、各地方的经济利益和经济自主权利,削弱了中国经济发展的活力和动力,带来了不可忽视的消极影响。

五、改革开放前财税体制的特点

对于新中国成立后至改革开放前我国财税体制的演变及我国城镇化的发

展，理论界多有总结评价。[①] 其中财税专家贾康、楼继伟等专家学者的论述更为简洁中肯，大致可总结为以下几点：

一是实行了高度集中的财政管理体制。高度集中的计划经济体制必然要求高度集中的财政管理体制，这是由传统体制下社会资源配置方式决定的。计划经济通过行政命令、计划指标配置社会资源，而财政作为国家筹集运用资金、实现国民经济和社会发展计划的主要工具，其管理体制和运行机制自然要服从和服务于这种资源配置方式。

二是传统体制下形成的财政收入机制是一种特殊的收入体制，财政收入以非税收入为主。新中国成立后，国家先后颁布了《关于粮食的计划统购计划供应的命令》和《国营企业、事业和机关工资等级制度》，实行农副产品统购销和城镇职工低工资制度，为国家财政集中超常水平的财政收入提供了制度基础。在此基础上，国家财政对国有企业获得的高利润实行统收统支，国有企业利润上缴成为传统体制下财政收入的主要形式。1950～1978 年间，国家财政管理体制多次调整，但这一财政收入的主要机制基本未变。1978 年，财政收入占 GDP 的比重为 31.1%，企业收入占当年财政收入的 50%以上。[②]

三是实行事无巨细、大包大揽的财政支出体制。在传统的计划经济模式下，国家财政顺理成章地在社会资源配置中扮演主要角色。这一大而宽的财政支出机制具体表现为：(1)经济建设支出浩大，财政成为社会投资主体。基本建设拨款居财政支出首位，占国家财政支出的 30%～40%，高额基本建设拨款支出对国家财政收支及整个国民经济运行产生着决定性影响。除基本建设拨款外，国有企业定额流动资金主要由财政无偿拨付，非定额流动资金几经变革，主要由银行供应。(2)财政包揽各项社会事业。在传统财政支出运行机制中，财政除承担国防、外交、行政经费等国家政权建设支出外，还几乎包揽了科技、教育、文化、卫生等社会事业，主要表现为国家财政筹集巨额资金、投资兴建各项社会事业。同时，国家财政实际上承担了国有企业职工“从摇篮到坟墓”的社会保障体系。

---

① 关于我国改革开放前的财税体制，多位经济学家都有极为中肯的结论，这些论述对目前的改革也有重要的参考价值，因此将其中主要内容作简单介绍。本小节除特别标注外，数字、评语及结论均采用贾康、赵全厚的《中国财政改革 30 年：政策操作与制度演进》(《改革》2008 年第 5 期)中的内容。

② 参见楼继伟：《中国三十年财税改革的回顾与展望》，载吴敬琏等主编：《中国经济 50 人看三十年——回顾与分析》，中国经济出版社 2008 年版，第 323～346 页。

第二节　改革开放后城镇化发展与税收法律制度变革

1978年以来，中国实行改革开放，开始了由计划经济向社会主义市场经济的转型历程。改革开放使我国经济建设取得了举世瞩目的伟大成就。财税改革作为经济体制改革和政治体制改革的交汇点，也随之进行了多次重大变革，并与价格、国有企业、货币金融等各领域的改革相配合，推动了中国经济体制的根本性转变。财税改革触及的问题很多，几乎涉及各个方面利益关系的调整。同时，财税改革的实施离不开中国经济与社会的大环境，不同阶段的财税改革其侧重点都有着明显的时代烙印。对我国改革开放以来30多年的财税改革进行回顾和总结，理清其脉络和下一步的发展方向，无疑对深刻理解和深化目前开展的新一轮财税体制改革具有重要的意义。

一、城乡关系演变与城镇化发展

改革开放以来，城乡关系进入了一个新的历史时期，过去完全由政府控制的城乡关系开始越来越多地通过市场来调节，但是农业支持工业、农村支持城市的趋向并没有改变。我国的城镇化发展也突破了长期停滞徘徊的局面，呈现出加速推进的趋势。这个时期的城镇化进程大致经历了三个阶段：1978～1984年是以农村经济体制改革为主要动力推动城镇化发展的阶段，“先进城后建城”的特征比较明显。1985～1991年是乡镇企业和城市改革双重推动城镇化发展的阶段，以发展新城镇为主，尤其在沿海地区出现大量新兴小城镇。1992年后为城镇化全面推进阶段，以城市建设、小城镇发展和普遍建立经济开发区为主要动力。①

1949～2003年的54年里，我国的城乡关系基本上可以总结为农业和农村支持工业和城市的发展。尤其是1978年改革开放以来，随着统购统销制度的废止和农产品走向市场化，农民和农村主要通过直接投资(如乡镇企业)、提供廉价劳动力(大量农村进城务工人员)和提供廉价土地资源三种方式，为工业和城市的发展提供了强大的动力。首先，大量的农村剩余劳动力为沿海地区外向型出口企业和劳动密集型企业的发展提供了廉价劳动力。其次，农村为城市发

---

① 参见武力：《1949－2006年中国城乡关系演变的历史分析》，载《中国经济史研究》2007年第1期。

展、经济开发区的建设以及大量的交通等基础设施工程提供了廉价的土地资源，并通过土地使用权的转让，为城镇发展提供了大量的资金，降低了发展成本。最后，乡镇企业的发展将大量的农村资金直接吸纳到城镇。这三种农村支持工业和城市的新方式，是1978年以来我国经济高速增长的主要动力，也是城镇化快速发展的重要原因。

与此同时，我国的城乡差距开始逐渐加大。统计数据表明，城乡之间的发展差距、城乡居民的收入差距，在经历了20世纪80年代前期短暂的缩小之后，开始逐年增加。1978年城乡居民收入差距是2.37倍，1981年为2.05倍，1985年缩小到1.72倍，至1990年扩大到2.02倍，1995年进一步扩大到2.47倍，到了2004年则扩大到3.21倍。[①]

随着国民经济的快速发展，截至2005年，我国GDP总值超过18.23万亿元，人均GDP达到1700美元，已经达到中等收入国家水平。政府的财力也大大增强，2004年国家财政收入达到26355.88亿元，加上预算外收入超过了3万亿元，比1978年增加了20倍以上。[②] 在此情况下，国家已有能力带动城乡关系的转型，即将过去长期实行的农业支持工业、乡村支持城市的城乡关系，转变为工业反哺农业、城市带动乡村的新型城乡关系。2004年12月，中央召开经济工作会议。胡锦涛总书记在会上提出，我国现在总体上已到了以工促农、以城带乡的发展阶段。我们应当顺应这一趋势，更加自觉地调整国民收入分配格局，更加积极地支持“三农”发展。根据中共中央对工农关系、城乡关系的新认识，我国对城乡关系作了具有历史性转折的重大调整。2005年12月29日，第十届全国人大常委会第19次会议作出了废止农业税条例的决定，在我国延续了2600多年的农业税从此退出了历史舞台。2005年12月31日，中共中央和国务院联合发出《关于推进社会主义新农村建设的若干意见》，全面论述建设社会主义新农村的思想、方针和政策，并作出具体工作部署。2006年3月，第十届全国人大四次会议审议并通过了国民经济和社会发展第十一个五年规划。根据规划，在“十一五”期间，中央财政不仅免除了农业税，每年还拿出1200多亿元用于乡镇财政支出，并在教育、基础设施、医疗卫生等方面加大对农村的投入。至此，城乡关系进入了一个新的历史阶段。

---

① 参见武力：《1949－2006年中国城乡关系演变的历史分析》，载《中国经济史研究》2007年第1期。

② 参见国家统计局编：《中国统计摘要（2005）》，中国统计出版社2005年版，第18、68页。

二、税收法律体制的变革

党的十一届三中全会后，我国税收体制改革开始了新的探索。从时间和内容上来看，改革进程可以划分为四个阶段：第一阶段是1978～1982年，税制改革开始起步；第二阶段是1983～1993年，税制改革全面展开；第三阶段是1994～2000年，我国初步建立起适应社会主义市场经济体制需要的分税制体系；第四阶段是2001年以后，税制改革的目标是建立更加完善的与社会主义市场经济体制相适应的税制。①

（一）改革开放初期的税收体制改革

1978年年底到1982年期间，是我国税收制度建设的恢复时期和税制改革的准备、起步时期。在此期间，中国的税制改革取得了全面重大突破。从理论方面，提出了从中国国情出发，按照经济规律办事，扩大税收在财政收入中的比重，充分发挥税收的经济杠杆作用，为社会主义现代化建设服务的指导思想；从组织建设方面，迅速恢复各级税务机构，充实税务干部队伍；从税收法律制度建设方面，先后通过并公布《中外合资经营企业所得税法》《个人所得税法》和《外国企业所得税法》。同时，明确规定对中外合资企业、外国企业和外国人继续征收工商统一税、城市房地产税和车船使用牌照税，初步形成了大体适用的涉外税收制度，适应了改革开放初期引进外资和对外经济技术合作的需要。在建立涉外税制的同时，财政部于1981年8月向国务院报送了关于税制改革的设想，并很快得到国务院的批准。

1983年，全国试行国营企业"利改税"，将国营企业向国家上缴利润的制度改为缴纳企业所得税的制度，并取得初步成功，这是国家与企业分配关系的历史性转变。随着经济体制改革和市场经济的发展，国民经济结构呈现出多元化趋势，客观上需要逐步建立起一套以流转税和所得税为主体、其他各税相配合的多税种、多环节、多层次的复合税制，在保证国家财政收入和进行宏观调控过程中发挥作用。为此，1984年10月，我国开始实施国营企业"利改税"的第二步改革和税收制度的全面改革，国务院陆续发布多项关于征税的行政法规。一是建立健全所得税制度。包括建立健全所得税制度、改进国营企业所得税制度、调整城乡个体工商业户所得税、开征私营企业所得税、开征个人收入调节税等。

---

① 参见刘佐：《新中国60年税制建设的简要回顾与展望》，载《经济研究参考》2009年第55期。

这些调整对于深化改革,及正确处理国家与企业、个人之间的分配关系,具有深远的影响。二是进一步改革流转税。1984 年 9 月 18 日,国务院发布了《中华人民共和国产品税条例(草案)》《中华人民共和国增值税条例(草案)》和《中华人民共和国营业税条例(草案)》,标志着我国初步建立起新的流转税体系。针对流转税体系存在的一些缺陷和问题,国家又采取了一系列完善措施,包括调整增值税和产品税的征税范围、规范增值税的征收制度、调整营业税若干政策、增设新的营业税税目等方面。三是恢复、建立和完善具有特定项目的税种,拓宽税收调节经济的领域。如在建筑税的基础上改征固定资产投资方向调节税、开征特别消费税、改革和完善房产税、恢复征收印花税、开征筵席税、建立城镇土地使用税、开征耕地占用税等。四是进一步调整和完善涉外税收和关税制度。

至 1991 年,我国税制一共设立了 37 个税种,包括产品税、增值税、盐税、特别消费税、烧油特别税、营业税、工商统一税、关税、国营企业所得税、国营企业调节税、集体企业所得税、私营企业所得税、外商投资企业和外国企业所得税、个人所得税、城乡个体工商业户所得税、个人收入调节税、国营企业奖金税、集体企业奖金税、事业单位奖金税、国营企业工资调节税、房产税、城市房地产税、城镇土地使用税、耕地占用税、契税、资源税、车船使用税、车船使用牌照税、印花税、城市维护建设税、固定资产投资方向调节税、屠宰税、筵席税、牲畜交易税、集市交易税、农业税和牧业税。我国已经初步形成了一套以货物和劳务税、所得税为主体,财产税和其他税收相配合的新的内外有别的税制体系,基本适应了中国经济体制改革起步阶段的需求。

(二)市场经济发展和 1994 年分税制改革

1992 年春,邓小平视察南方并发表重要谈话,中共中央、国务院作出了关于加快改革开放和经济发展的一系列重要决定,标志着改革开放进入了新的历史阶段。这一时期是中国税制改革全面深化的时期,取得了税制改革的又一次重大突破。1993 年 12 月 25 日,国务院发布《关于实行分税制财政管理体制的决定》,分税制改革的有关法律、行政法规也陆续公布,分税制自 1994 年起在全国实施。

1994 年分税制改革侧重于税制的结构调整,实行公平税负、鼓励竞争。主要内容有:一是全面改革货物和劳务税制,实行以比较规范的增值税为主体,消费税、营业税并行,内外统一的货物和劳务税制;二是改革企业所得税制,将过去对国营企业、集体企业和私营企业分别征收的多种企业所得税合并为统一的企业所得税；三是改革个人所得税制；四是大幅度调整其他税收。分税制改革理顺了国家与企业的分配关系，并构建起企业间的公平竞争关系，基本上形成了以流转税和所得税为主体、其他税种相互配合的多环节、多层次调节的复合税制体系，初步具备了现代税制的基本特征。改革后的税制由原来的 37 个税种减少到 25 个，即增值税、消费税、营业税、关税、企业所得税、外商投资企业和外国企业所得税、个人所得税、土地增值税、房产税、城市房地产税、遗产税、城镇土地使用税、耕地占用税、契税、资源税、车船使用税、车船使用牌照税、印花税、证券交易税、城市维护建设税、固定资产投资方向调节税、屠宰税、筵席税、农业税和牧业税。

1994 年，税制改革是新中国成立以来规模最大、范围最广泛、内容最深刻的一次税制改革，改革方案是在历次税制改革的基础上，经过多年的理论研究和实践探索，并借鉴外国税制建设的成功经验制定的。经过这次税制改革和后来的逐步完善，到 20 世纪末，中国初步建立了适应社会主义市场经济体制需要的税收制度，对于保证财政收入、加强宏观调控、促进经济与社会的发展起到了重要的作用。

(三)2001 年以后分步实施的税制改革

2001 年以后，为适应建立完善的社会主义市场经济体制的需要，继续完善税制，分步实施了几项重大改革：一是逐步推行农村税费改革，从 2006 年起取消农业税，又先后取消了牧业税和屠宰税，对过去征收农业特产农业税的烟叶产品改征烟叶税，进一步减轻农民负担。二是完善货物和劳务税制，结合交通和车辆税费改革开征车辆购置税；公布新的关税条例；修订增值税暂行条例、消费税暂行条例和营业税暂行条例，初步实现增值税从“生产型”向“消费型”的转变，结合成品油税费改革调整消费税。三是完善所得税制，先后三次修改个人所得税法；将对内资企业和外资企业分别征收的企业所得税合并为统一的企业所得税。四是完善财产税制，将车船使用税与车船使用牌照税合并为车船税统一征收；修改城镇土地使用税暂行条例和耕地占用税暂行条例，将对内征收的城镇土地使用税和耕地占用税分别改为内外统一征收；取消城市房地产税，将对内征收的房产税改为内外统一征收等。通过一系列改革，我国税收制度进一步简化和规范，税负更加公平，宏观调控作用增强。

三、税法基本理念的转变

随着税制改革的推进，我国税收法律制度和税法理论也在逐步完善。

一是对税收的重新认识和定位。税收被定义为国家为满足社会公共需要，提供公共产品或服务而凭借政治权力强制征收货币或实物的行为，它具有强制性、实质有偿性和法定性的特征。这是我国税收法制建设的重大发展，也是我国依法治国基本方略的一个重要内容。

二是重新定位税收法律关系，平等性成为税收法律关系的本质属性。税收法律关系不再只是纳税人对国家的义务服从关系，而是一种公法上的债权债务关系。在税收法律关系中，国家与纳税人同样享有权利和承担义务。国家是税收债务的债权人，并承担提供公共产品和服务的责任；纳税人是税收债务的债务人，同时享有纳税人的权利。[①]

三是重新定位纳税人和纳税人权利。现代法治理念所持的国家与公民平等的思想，为纳税人与国家的平等关系提供了理论基础。税收不再只是公民的义务，纳税人的地位有了根本性转变，其不仅是义务主体，同时也是权利主体。国家对纳税人权利也更加重视，税收征管法的几次修订都体现了国家对纳税人权利保护的增强。“纳税人权利”已经被全社会广泛地接受并成为我国财税法学中的基本范畴。

四是税收法定原则的确立。税收法定原则在国外已有几百年的历史，在当今世界的税法体系中，税收法定原则是公认的税法最高原则。各国不仅在税收法律中确立这一原则，而且在国家的根本大法中加以明确。但在我国，税收法定原则直到近些年才得到承认。税收法定原则最早由中国社会科学院法学研究所谢怀栻先生在 1989 年提出。[②] 2000 年，立法法中也有一些关于税收法定的内容。2013 年，十八届三中全会在会议公报中明确提出要“落实税收法定原则”，并在 2015 年立法法修改时得以体现，使税收法定原则得到公认。

第三节　改革开放后城镇化发展与财政法律制度变革

古往今来，财税的重要性主要体现在两个方面：一是国家、市场、个人权利的界定，二是不同层级政权间的财责权划分及对经济社会结构的影响。财税法

① 参见宋槿篱：《改革开放三十年我国税法基本理念的转变》，载《法学杂志》2009 年第 2 期。

② 参见刘剑文：《引领大势，开创新局，助推财税法大发展》，中国社会科学网（http://www.cssn.cn/fx/fx_fjgg/201601/t20160104_2810696.shtml），发布日期为 2016 年 1 月 4 日，访问日期为 2016 年 1 月 6 日。

律制度的改革与发展也集中体现在这两个方面。改革开放时期的财政改革与发展大体可分为三个阶段:第一个阶段是1978～1992年,中国从计划经济向市场经济转轨,财政也突破旧体制,逐步退出传统的资源配置领域,推动经济运行机制的市场化。放权让利,以行政性分权的方式探索自身职能向公共化内涵的转变。第二个阶段是1992～2002年,为适应建设社会主义市场经济体制要求,构建公共财政体系,转换财政模式。特别是从1994年开始,建立分税制为基础的分级财政体制框架,继续完成传统职能的退出和对改革进程的驾驭。第三个阶段是2003年后,全面创建科学发展的公共财政体系。①

一、突破旧体制,财政放权让利促改革

1978年,在传统指令性计划处于中心支配地位的经济体制下,财税制度只能是计划经济资源配置方式的反映。企业几乎全部是公有制经济,企业生产按计划进行,成本和价格由国家确定,折旧和大修理基金由财政控制,定额流动资金由财政无偿拨付,企业利润仅仅是计划的结果。国家统管一切经济活动,集中全社会的剩余产品通过指令性计划进行国民收入再分配。当时,94.4%的农产品和97%的零售产品按计划价格交易。由于国家强调重工业的发展,财政在固定资产投资方面的支出较大。1978年,基本建设支出占财政支出的40%,经济建设费占总支出的64%。②

党的十一届三中全会提出的改革目标主要是针对中国经济管理体制权力过于集中的弊端,为此财政改革成为启动中国经济改革的一个突破口。改革的初始路径是以“分灶吃饭”的分权方式改革政府间的财政关系,破除了以条条为主支配地方财力使用方向的旧框架,转到以地方(块块)为主的分权轨道上,扩大地方政府的经济资源支配能力。这是我国真正实施分级财政体制的开端,也是我国财政体制从统收统支走向分权的历史性突破。1980年2月,国务院颁发《关于实行“划分收支、分级包干”的财政管理体制的暂行规定》,开始实行“划分收支、分级包干”的新体制,按照行政隶属关系明确划分中央和地方的财政收支范围,地方以收定支,自求平衡,包干使用。1985年,为适应“利改税”后新形势的需要,国家又一次调整了政府间财政分配关系,各省、自治区、直辖市一律实

① 参见何振一:《财政改革三十年的历程与辉煌成就》,载《首都经济贸易大学学报》2008年第6期。

② 参见楼继伟:《中国三十年财税改革的回顾与展望》,载吴敬琏等编:《中国经济50人看三十年——回顾与分析》,中国经济出版社2008年版,第323～346页。

行“划分税种、核定收支、分级包干”的新预算管理体制。1988 年，国务院发布《关于地方实行财政包干办法的决定》，再次调整政府间财政分配关系。此后直到 1993 年，中国的财政体制实行的都是多种形式的地方财政包干体制，其间经历过两次变革，总的趋势是越来越分权。[①]

财政包干体制在当时的经济发展中，特别是在调动地方组织财政收入方面起到了积极的作用。但是随着社会主义市场经济的发展，它的弊端也日益明显。一方面，伴随各种放权让利举措的实施，财政收入占 GDP 的比重和中央财政收入占全国财政收入的比重迅速下滑。前者由 1978 年的 31.1％减少到 1993 年的 12.3％；后者则先升后降，1978 年为 15.5％，1980 年为 24.5％，1985 年为 38.4％，1990 年下降到 33.8％，1993 年下降至 22.0％。另一方面，财政支出急剧增加，1978～1993 年的 15 年间，财政支出增加了 2.1 倍，年均增加 21％。与此同时，在财政运行机制上也出现了颇多紊乱现象，诸如擅自减免税、截留挪用财政收入、花钱大手大脚等问题相当普遍。最终导致财政赤字逐年加大，债务规模日益膨胀，中央宏观调控能力越来越弱。[②]

二、全面启动分税制改革，创新财政运行机制

中国的改革取得了巨大成功，国民经济得到了极大发展，但中央财政占整个国民经济的“两个比重”却不断下降，以至于形成了“弱干强枝”、中央政府向地方政府借钱的局面，中央缺乏宏观调控的力度。为了改变这种局面，1993 年 12 月 15 日，国务院发布《关于实行分税制财政管理体制的决定》。新体制按照中央与地方政府的事权合理划分各级财政的支出范围，并根据财权与事权相统一的原则明确划分中央和地方政府的财权，理顺和规范政府间财政分配关系。分税制改革将我国财政体制初步推上了符合市场经济发展需要的科学、规范、透明的轨道，形成了中央与地方财政双增长机制。

分税制财政体制主要由三方面的内容构成，即中央与地方税收的划分、中央与地方事权和支出的划分、中央对地方税收返还数额的确定。改革的主要内容包括：按照税种划分中央和地方收入范围，根据中央政府和地方政府的事权划分相应的支出范围，分设中央和地方两套税务机构，按统一办法确定中央财

---

① 参见刘卓珺、于长革：《中国财政分权演进轨迹及其创新路径》，载《改革》2010 年第 6 期。

② 参见高培勇：《从“放权让利”到“公共财政”——中国财税改革 30 年的历史进程》，载《广东商学院学报》2008 年第 5 期。

政对地方的税收返还基数,实行过渡期财政转移支付制度等。

第一,对财政收入权的划分,以税种定收入,分为中央税、地方税和共享税三大类,固定中央和地方收入范围,形成了中央政府主导型的财政体制。其中,税源稳定、税基广、易征收的税种大部分划归中央。目前,共开征 18 个税种,其中有中央税 5 个、地方独享税种 9 个、中央与地方共享税种 4 个。经过调整后的税收分配制度平稳运行,形成了较为稳定的税收体系,中央和地方税收收入逐年稳步增加。

第二,中央和地方以事权定支出,在划分事权的基础上划分中央和地方的财政支出范围。中央财政承担国家安全、外交、中央国家机关和行政部门运转经费,国民经济结构调整和地区发展协调以及其他全国性宏观调控和中央直接管理事务所需;地方主要承担地方各级行政部门运转经费以及本地区经济、事业发展所需。

第三,机构设置上分设中央、地方两套税务机构分别征管,三级财政征收(中央、省区、县市),四级财政使用(中央、省区、县市、区乡)。国税为全国统一税,省区无权改变或减免;地方税为省区统一税,县市无权改变。国税征收中央固定收入和共享收入,地方税务局主要负责征收地方税费,解决了税收征管混乱、税收收入大范围流失的现象。

第四,实行中央对地方的税收返还和转移支付制度,旨在调节地区间的财力分配,既要保证发达地区组织税收的积极性,又要将部分收入转移到不发达地区,以实现财政制度的地区均等化目标。税收返还和转移支付确立了一项基本的财政权力配置原则,即"先取后予",确保了中央权威。但我国尚未形成科学的转移支付资金绩效管理制度,使得专项财政资金使用效率低下,削弱了专项转移支付的效果。2013 年,国家审计署审计长刘家义的报告显示:在我国 285 项专项转移支付中,有 25 项因投入市场竞争领域、投向交叉重复等需要清理整合。抽查 18 个省的能源节约利用等三个款级科目转移支付资金使用情况发现,至 2012 年年底,这些地方当年收到的 420.92 亿元中央专项资金中,42%的资金结存在各级财政或主管部门。同时,拨付到项目单位的资金有 7.73 亿元被虚报冒领、挤占挪用。①

第五,制定过渡期配套措施,主要内容包括保留并适当调整原体制上的解

① 参见王敏、曹润林:《分税制改革、城镇化进程与地方税体系完善研究》,载《财政研究》2015 年第 8 期。

决和补助办法，采取过渡措施解决减免税和开发区优惠问题，核定各地区的资金调度比例，保证地方正常开支，下达两税增长目标、确保完成国家预算任务等。[①]

朱镕基同志曾经总结说，1994 年以来进行的财税体制改革，以及以后推进的所得税分享改革、税费改革等，规范了国家、企业和个人及中央和地方的分配关系，建立了财政收入稳定增长的机制……以上这些改革，是新中国成立以来力度最大、成效显著、影响深远的改革，决策科学、设计周密、实施有力、运行平稳，财政收入大幅度增长，为经济和社会发展提供了强大的财力支撑。[②] 这段话准确概括了 1994 年财税体制改革的两个重要标志：一是规范了分配关系，包括国家、企业与个人之间和中央与地方之间的分配关系；二是建立了财政收入稳定增长的机制。通过分税制改革，中央财政有效提高了“两个比重”，增强了财政调节经济发展和收入分配的能力。同时，分税制改革对中央和地方关系、区域间关系以及政府和企业的关系也产生了重大而深远的影响。

但是，财税体制改革是一个不断深化的历史过程。任何一项改革都是在一定的历史条件下进行的，我们只能依据既有的条件有重点地进行阶段性改革。1994 年，分税制改革是一项未能充分完成的改革。在取得了很大的成绩的同时，也存在两方面问题：一是没有调整好支出责任和财力的关系，比如基层政府收入和支出责任的问题；二是中央和地方政府之间的渠道太多。分税制财政管理体制是以各级政权之间事权划分结构为依据，根据不同税种的不同特性，将其分别划归不同财政层次，确定不同政府之间财政分配关系的财政管理体制。明确划分中央与地方的事权是其基本前提，在事权确定后，根据事权来定支出，从而确定各级政府应得的收入。而 1994 年的分税制只划分了中央与地方的收入，在事权的划分上，中央与地方、地方各级政府之间的管理体制仍很混乱，并没有真正体现财权与事权的统一。财权上收而事权下放，导致地方财政，特别是乡镇财政捉襟见肘，财力严重不足。不过这些因素并不影响这次改革的伟大历史作用，分税制改革在整个宏观经济体制改革中所取得的成就是有目共睹的。正是通过这次财税改革，我国初步搭建起了适应社会主义市场经济体制的财税体制及其运行机制的基本框架。

---

① 参见欧树军：《“看得见的宪政”：理解中国宪法的财政权力配置视角》，载《中外法学》2012 年第 5 期。

② 参见刘克崮：《1994 年前后的中国财税体制改革》，载《中共党史资料》2009 年第 4 期。

1950～1994 年，我国的财政体制变迁情况如表 3-1 所示：

表 3-1　　　　中国财政体制变迁(1950～1994 年)①

时间	财政管理体制	财权划分
1950 年	统收统支	中央政府集中行使财权
1951 年	分级管理	中央、大行政区、省(市)三级，主要在中央，地方财权很小，实为按预算抵充中央拨款
1953 年	收入分类分成	中央、省(市)、县三级
1958 年	以收定支，五年不变	87%中央直属企业下放地方，财政收支同步下放
1959 年	总额分成，一年一定	财权下放过多，财力过于分散
1961 年	加强集中统一	集中于中央、大区和省、市、自治区三级，专区、县(市)、公社财权适当缩小
1968 年	收支两条线	各省、市、自治区财政收入全部上交中央财政，行政事业支出由中央财政核拨，年终结余全留地方。基建投资由中央财政拨款，年终结余一刀砍
1971 年	财政大包干	打破条条专政，大规模下放权力，扩大地方财权
1973 年	财政收入固定比例留成(试行)	财政收入按固定比例流程，超收另定，支出按指标包干
1975 年	整顿财政部	定收定支、收支挂钩、总额分成、一年一定
1976 年	收支挂钩、总额分成	地方的财政收支范围扩大、财政管理权限增加
1977 年	固定比例包干(部分省试行)	中央地方商定收入上缴留用比例，一定四年不变，地方靠留用收入自力更生
1978 年	增收分成、收支挂钩(部分省试行)	地方正常收支来自总额分成，机动财力与收入增长挂钩
1980 年	划分收支，分级包干	按经济体制隶属关系，划分央地财政收支范围

① 参见欧树军:《“看得见的宪政”:理解中国宪法的财政权力配置视角》，载《中外法学》2012 年第 5 期。

续表

时间	财政管理体制	财权划分
1986 年	划分税种、核定收支、分级包干	划分各级财政收入，按行政隶属关系划分中央、地方财政支出。1988 年起，对 37 个地区（不含广州、西安两市）分别实行 6 种包干制
1994 年	分税制	以事权定财权、分机构、分税种、税收返还、转移支付

资料来源：胡鞍钢：《中国财政体制变动与评价》，载王绍光、胡鞍钢：《中国国家能力报告》，辽宁人民出版社 1993 年版，第 267～281 页；Wang Shaoguang and Hu Angang, *The Chinese Economy in Crisis: State Capacity and Tax Reform*, M. E. Sharpe, Inc., 2001, pp. 187-189.

三、构建公共财政基本框架，完善公共财政体系

1994 年，分税制改革使中国的财税体制走上了制度创新之路，但并没有解决全部问题。因为 1994 年财税改革所覆盖的只是体制内的政府收支，游离于体制之外的政府收支没有进入改革范围。1994 年，财税改革所着眼的主要是以税制为代表的财政收入的制度变革，对于财政支出的调整有所涉及但未作重点同步进行。既得利益的掣肘和财政增收的动因，也在一定程度上束缚了改革的手脚。随着 1994 年财税改革成果的逐步释放，上述矛盾便日益显露出来，并演化为困扰国民收入分配和政府收支运行过程的“瓶颈”。于是，在 20 世纪 90 年代后期，我国开展了以规范政府收支行为及其机制为主旨的“税费改革”，以及财政支出管理制度改革，并由此将改革带上了构建公共财政体制框架之路。

1998 年 3 月 19 日，朱镕基总理提出，目前存在的一个问题是费大于税。很多政府机关在国家规定以外征收各种费用，使老百姓负担不堪，民怨沸腾，对此必须整顿和改革。以此为契机，中国开始了税费改革，以期将非规范性的政府收入纳入规范化轨道。同时，财政支出管理改革也逐渐开展，优化调整财政支出结构，由专注于生产建设领域逐步扩展至整个公共服务领域。一是规范部门预算制度，主要以规范预算编制和分类方法、全面反映政府收支状况为着眼点。二是实行国库集中收付制度，即由财政（国库）部门集中收纳包括预算内外收入在内的所有政府性收入，由国库单一账户集中支付政府部门所有财政性支出。三是推进政府采购制度，将政府部门的各项直接支出逐步纳入向社会公开竞价购买轨道。

然而，税费改革与财政支出管理的调整只涉及财税体制及运行机制的局部。如果不对财税体制及其运行机制进行整体构建，就不可能真正建立起适应社会主义市场经济的财税体制及其运行机制。因此，1998年12月15日，全国财政工作会议作出重要决定，开始构建我国公共财政的基本框架。

从以规范政府收支行为及其运行机制为主旨的“税费改革”和财政支出管理制度的改革，到确立公共财政作为整体财税改革与发展目标，可以看出我国的财税体制改革进入了一个新的发展阶段。

四、进一步健全和完善公共财政体制

伴随着以构建公共财政基本框架为核心的各项财税体制改革的稳步推进，财税体制改革也逐渐深入。2003年10月，在十六届三中全会通过的《中共中央关于完善社会主义市场经济体制若干问题的决定》中，根据公共财政体制基本框架已初步建立的判断，中央提出了进一步健全和完善公共财政体制的战略目标，将完善公共财政体制纳入完善社会主义市场经济体制的整体布局，进一步推进公共财政建设。以此为契机，中国财税体制改革开始了旨在进一步完善公共财政体制的一系列改革。十七大更明确提出，要围绕基本公共服务均等化和主体功能区建设完善公共财政体系。

在20世纪90年代之前，与当时的经济发展水平和经济体制等因素相适应，我国财政是典型的“建设财政”，从政策目标到支出安排都是以经济建设为中心，侧重于发挥财政的经济杠杆和经济手段的作用，却忽视了公共服务的投资与建设，对财政促进社会建设、促进人类自身发展重视不够。公共财政的核心是政府对社会财富的再分配，打破了“以政府自身利益”为中心的旧体制，更注重分配过程中的公共性、市场性和法制化。而且，随着市场经济体制的完善，我国经济实力大大增强，国家有能力也有实力加大公共服务投入，逐步解决社会不公问题，应当及时将投资转向国家安全、义务教育、公共卫生、医疗保健、环境治理等更关乎民生的公益领域，重新调整城乡利益分配格局，实现城乡统筹协调发展。而调整城乡利益分配格局的核心，就是调整国民收入分配政策和国家财政支出结构，建立工业反哺农业、城市支持农村的长效机制，这也是“民生财政”的主旨所在。

由“建设财政”向“民生财政”转变，不仅仅是一种字面提法的改变，更重要的是体现了财政目的开始向以人为本转移，体现了一种民主化财政的新起点，意味着国家财政理念的巨大转变。如果说当年从“以阶级斗争为纲”到“以经济建设为中心”是政府职能的一次重大转折，那么，从“以经济建设为中心”到“以人的建设为中心”就是政府职能的第二次重大转变。更加重要的是，公共财政的建立与完善为我们实施新一轮的财税体制改革提供了坚实的理论和实践基础。

第四章

完善税收法律制度　推进新型城镇化发展

新型城镇化进程中的税收问题是一个重大的理论和实践问题。现代意义上的税收应当具备筹集财政收入、调节分配、促进结构优化的职能作用。“税收不但通过组织收入为城镇建设筹集资金，而且发挥资源配置职能促进城镇化的健康发展。”①目前，我国税制整体结构不合理，在筹集财政收入方面不能满足地方城镇发展的需求，在资源节约、环境保护等方面调节功能较弱，产业结构调整作用不能尽如人意，对经济稳定的调控没有发挥应有的作用，分配不公问题没有得到有效的调整。尤其是地方税体系存在很多问题，深刻影响到新型城镇化的健康发展。完善税收法律制度、健全地方税体系建设成为迫在眉睫的重要改革任务。

第一节　新型城镇化与税收体制改革

一、我国税收体系概述

税收体系是国家用以保障财政收入、合理划分税收权限、科学设置税种制度、规范税收征收管理、充分发挥税收职能作用的整体系统。我国现行的税收体系是在1994年分税制改革的基础上确立的，运行以来，完成了由财政包干体制向分税体制的平稳过渡，建立了较为稳定规范的中央与地方财权关系。在提高财政总体实力的基础上，提高了中央宏观调控的能力，增强了市场配置资源

① 张景华：《新型城镇化进程中的税收政策研究》，载《经济学家》2013年第10期。

的作用，所建立的税收制度体系已经成为社会主义市场经济体制改革的重要内容，促进了经济社会的发展。

目前，我国已具有较为规范的分税体系，保障了国家财力增长和稳定。分税制将各税种明确划分为中央税、地方税和中央地方共享税三大类。中央税包括关税等涉及国家税收主权、消费税等能够发挥特殊调控作用的税种，地方税则多为地域性较明显的营业税及小税种等，共享税包括增值税、资源税、企业所得税和个人所得税（见表 4-1）。较为合理的权限划分使中央与地方政府之间的财源相对固定，筹资功能明显。中央政府财政收入稳定增长，从 1993 年实行分税制的基数年开始，每年新增财政收入 1000 亿元左右，这样持续的高速增长前所未有；地方财力也持续超常增长态势，对缓解地方财政困难起到重要作用。楼继伟在评价 1994 年分税制改革至今的运行情况时，总结出的第一个成效就是“两个比重显著提高，中央宏观调控能力不断增强”①。其中，财政收入占国内生产总值的比重由 1993 年的 12.3％上升到 2013 年的 22.7％，中央财政收入占全国财政收入的比重由 1993 年的 22.0％上升到 2013 年的 46.6％。②

表 4-1　　我国现行税收归属情况③

中央税	共享税	地方税
消费税，关税，船舶吨税，车辆购置税，证券交易印花税	增值税（中央 75％，地方 25％），资源税（海洋石油天然气资源缴纳的资源税归中央，其他资源缴纳的资源税归地方），企业所得税（中央、地方分别为 60％、40％），个人所得税（中央、地方分别为 60％、40％）	营业税，城市维护建设税，土地使用税（不含铁道、银行总行、保险公司等集中缴纳税的收入），房产税，车船税，耕地占用税，契税，土地增值税，烟叶税

我国现行税收体系以流转税和所得税为主体，其他多税种相配合，包含了税种制度、收入归属、征收管理、配套措施等多方面内容。一是流转税制度。主要有对货物和加工修理修配劳务征收增值税、对特殊商品征收消费税、对部分劳务和销售不动产及转让无形资产征收营业税等，形成了比较规范的流转税制。其中绝大部分营业税收入被划归地方，构成地方主要收入来源。资源税、

① 楼继伟：《中国政府间财政关系再思考》，中国财政经济出版社 2013 年版，第 125 页。

② 参见李堃：《中国地方税体系改革研究》，吉林大学博士学位论文，2015 年。

③ 参见文小才：《中国地方税体系建设的回顾、反思与展望》，载《经济研究参考》2015 年第 37 期。

土地增值税等税种的收入也成为地方税收收入的重要增长点。二是所得税制度。企业所得税与个人所得税收入是共享收入，征收对象十分广泛，税基较为稳定。三是征收管理制度。我国税收征收管理法自1993年施行，规定了税种开征、停征的权力以及减税、免税、退税、补税的权力，对税收征管实践中涉及的细节内容也作出了详细规定。这部税收程序法在之后进行过多次修订，现行有效的是2015年修订本。四是规范减免权限。1995年后，中央逐步上收规范减免权限，取消了地方出台的全部减免税政策。五是配套制度。如分设国家税务局系统和地方税务局系统等。

二、我国税收体系存在的问题

1994年实行的分税制改革是一种渐进性的改革，采取的是分步进行、逐步完善的方法，因此至今仍不彻底，存在不少问题。具体来说，有以下几个方面：一是直接税比重偏低，不利于税收调节收入分配作用的发挥。二是所得税与流转税的比重失调，流转税比重偏高，所得税比重相对较低。我国税收主要依靠生产和流通环节的增值税、营业税以及企业所得税，个人所得税覆盖面非常狭窄。三是我国的税制结构目前主要是货物劳务税为主，课税环节主要集中在生产环节，不对消费课税，不利于税收调节经济结构功能的发挥。以2014年为例，在全国11.9万亿元的税收收入中，包括个人所得税和企业所得税在内的直接税收入占比只有26.87%，其中个人所得税收入占比仅为6.18%（见表4-2）。

表4-2　各税种占全国税收收入的比重(2004～2014年)[①]

时间	增值税比重	营业税比重	消费税比重	个税比重	企业所得税比重	两项所得税比重
2014年	25.89%	14.92%	7.47%	6.19%	20.68%	26.87%
2013年	26.07%	15.59%	7.45%	5.91%	20.29%	26.20%
2012年	26.25%	15.65%	7.83%	5.78%	19.53%	25.32%
2011年	27.04%	15.24%	7.73%	6.75%	18.69%	25.43%
2010年	28.81%	15.24%	8.29%	6.61%	17.54%	24.15%
2009年	31.05%	15.14%	8.00%	6.64%	19.38%	26.02%

① 根据国家统计局网站年度统计数据整理。国家数据（http://data.stats.gov.cn/easyquery.htm?cn=C01），访问日期为2015年11月2日。

续表

时间	增值税比重	营业税比重	消费税比重	个税比重	企业所得税比重	两项所得税比重
2008年	33.19%	14.06%	4.74%	6.86%	20.61%	27.47%
2007年	33.91%	14.43%	4.84%	6.98%	19.24%	26.23%
2006年	36.73%	14.74%	5.42%	7.05%	20.23%	27.28%
2005年	37.50%	14.71%	5.68%	7.28%	18.57%	25.85%
2004年	37.32%	14.82%	6.22%	7.19%	16.38%	23.56%

三、新型城镇化中税制体系缺陷带来的问题

从推进新型城镇化的角度去分析我国税制不健全带来的影响，大致有以下几个方面：

一是对经济结构不合理的现状调整不力。我国经济前几年保持较高速度持续增长，大多是以高投资、高消耗的粗放式经济发展方式推动的。具体到产业结构中，我国第三产业的发展仍然相对滞后，发展水平较低。对于一个产业的发展而言，税收是主要的成本之一。在地方税体系中，对于部分第三产业征收的营业税仍然是目前的主体税种，与增值税制度相比存在着重复征税问题，其他税种也缺少鼓励第三产业发展的优惠政策，没有发挥税收政策对第三产业发展的激励作用。目前，随着“营改增”的推进，这一情况正在逐步改善，但随之而来的则是地方财力的困境。

二是反映要素稀缺、供求关系、环境损害程度的资源税、环境税、消费税制度不完善，对限制污染排放、促进新能源开发利用、增加环境治理收入作用有限，不利于可持续发展。我国水、耕地等重要自然资源的人均占有量远低于世界平均水平，淡水的人均占有量仅为世界平均水平的25%，耕地和森林的人均占有量仅为世界平均水平的44%和17%。由于我国前些年采取的主要是粗放式的经济增长方式，资源始终处于高投入和高消耗的状态，有害废弃物高排放和生态环境高污染问题已经到了较为严重的地步。经济增长所带来的环境污染问题已经不容忽视。体现在税收制度上，我国应适时开征具有保护环境或者节约能源意义的税种，如环境保护税或碳税，并在地方税体系中对节能减排企业提供力度更大的优惠措施，切实发挥税收对促进产业结构优化的特殊作用。

三是地方财力不足造成基本公共服务均等化程度不高。目前，在基本公共

服务的范畴中，教育、卫生、社会保障、生态环境、公共基础设施等项目都存在着一定程度的投入不足、质量不高、区域差异较大问题。通过对历年国家统计年鉴数据的分析可以发现，1993～2013年期间，文化、教育、科学和卫生支出占国家财政支出总额的比例在25%左右，其中属基层政府支出份额比较高。近年来，我国财政支出中的教育经费和预算内公共卫生支出，地方负担部分约为95%，而中央负担仅为5%左右。[①] 中央财政本级支出占比较低，加上转移支付制度不够完善，影响着基本公共服务均等化和常住人口全覆盖。而且，我国地方主体税种建设相对滞后，一些地方的收入来源不够稳定，财政比较困难，地方政府普遍面临财力不足的问题。从表4-3中可以发现，地方税财力不足，无法保证地方政府履行职能的需要。特别是随着新一轮财税体制改革的推进，我国于2012年开始实施营业税改征增值税，这个问题越来越突出。同时，以间接税为主的税收体系在某种程度上割断了外来人口与税收收入之间的必然联系，造成地方政府明显偏好投资工业企业，而忽略为居民提供服务，缺乏主动为非户籍人口提供公共服务的动力。而直接用于城建的税收只有城市维护建设税，是一个附加税种且规模较小，全国城市维护建设税占城市维护建设资金收入的比重不断下降，2011年仅为11.4%。随着城镇化的快速发展，城市维护建设税越来越不适应城镇建设的需要。

表4-3　　1994～2013年地方税收占地方公共财政支出的比重[②]

年份	地方税收收入（亿元）	地方公共财政支出（亿元）	地方税收收入占全国税收收入的比重	地方税收收入占地方公共财政支出的比重
1994年	2294.91	4038.19	45.26%	56.83%
1995年	2832.77	4828.33	47.42%	58.67%
1996年	3448.99	5786.28	48.92%	59.61%
1997年	4002.04	6701.06	48.65%	59.72%
1998年	4438.45	7672.58	48.81%	57.85%
1999年	4934.93	9035.34	47.84%	54.62%
2000年	5688.86	10366.65	44.92%	54.88%

① 参见李堃：《中国地方税体系改革研究》，吉林大学博士学位论文，2015年。

② 参见韩晓琴、曹永旭：《“营改增”背景下地方税体系建设的路径选择》，载《哈尔滨商业大学学报（社会科学版）》2016年第1期。

续表

年份	地方税收收入（亿元）	地方公共财政支出（亿元）	地方税收收入占全国税收收入的比重	地方税收收入占地方公共财政支出的比重
2001 年	6962.76	13134.56	45.91%	53.01%
2002 年	7406.16	15281.45	43.57%	48.47%
2003 年	8413.27	17229.85	41.11%	48.83%
2004 年	9999.59	20592.81	38.88%	48.56%
2005 年	12726.73	25154.31	41.23%	50.59%
2006 年	15233.58	30431.33	40.48%	50.06%
2007 年	19252.12	38339.29	38.93%	50.00%
2008 年	23255.11	49248.49	42.89%	47.22%
2009 年	26157.44	61044.14	43.95%	42.85%
2010 年	32701.49	73884.43	44.67%	44.26%
2011 年	41106.74	92733.68	45.81%	44.33%
2012 年	47319.08	107188.30	47.03%	44.15%
2013 年	53890.88	119740.30	48.76%	45.01%

四是居民收入分配差距较大，现行税制不能有效解决分配不公问题。区域居民之间、城乡居民之间收入分配差距较大，说明现行个人所得税制度的收入分配调节功能不足。目前采取的分类计征模式不能起到综合考虑纳税人总体收入能力征税的作用：在税前扣除项目上，不能以家庭为单位扣除相应合理费用；在工资薪金所得的扣除费用标准上，没有引入科学指标且制定定期调整机制，不能适应经济社会发展中民众收入能力和消费能力的变化。上述因素都不利于发挥个人所得税在调节收入分配上的作用。

城镇化是一系列公共政策的集合，上述问题从机制上说都与现行财税体制改革不到位、不适应经济社会发展有直接或间接关系。从直接原因上看，突出表现在地方税收收入不足，难以满足地方政府支出需要，地方税体系对经济结构优化、环境资源有效利用和限制、收入分配调节等作用发挥不够。从体制上看，很重要的原因在于地方政府的财权与支出责任不匹配，地方税体系建设相对薄弱，筹集的财政收入不能满足城镇发展的需求。当前，我国已经进入全面深化改革的时期，财税体制改革要着手解决目前存在的政府间事权划分不清晰、收入划分不合理、地方政府税收收入偏少、过度依赖“卖地”“借债”、地方税税种调节功能发挥不明显等突出问题，而这些问题都与地方税体系构建和改革直接相关。相应的，地方税体系改革也就成为新一轮财税体制阶段性改革的主要内容。因此，十八届三中全会明确提出要完善地方税体系。我国于2012年开始实施的营业税改征增值税，客观上也在倒逼地方税体系的重新构建，而预算法、税收征管法等一系列法律法规的修订和完善，也为重新构建地方税体系框架创造了基础条件。地方税体系改革无疑已经成为我国财税体制改革中应予以高度重视的重点课题。

第二节　城镇化发展与地方税体系演变

地方税体系是一个国家财税体制的重要组成部分。在多层级的政府治理框架下，科学规范的地方税体系能够为地方政府实施治理筹集必要的税收收入，同时也能充分发挥地方税在调节分配和促进结构优化方面的职能作用，对于协调中央和地方政府之间的税收分配关系并切实调动地方政府的积极性尤为关键。[①] 我国现行的地方税体系是在1994年分税制改革时初步确立的。这一体系运行20多年来，对地方政府财力的增强和地方经济的快速发展发挥了重要的作用。但是，现行地方税体系已经不能完全适应我国形势的发展变化，而且目前我国经济社会发展中的一些突出矛盾和问题也与地方税体系的不健全密切相关。完善我国地方税体系是新型城镇化建设的迫切要求，也是推进我国财税体制改革的重要环节。

一、地方税体系的建立与发展

地方税在税收分类中是与中央税相对的概念，它既具备税收的固有属性，同时还具有与地方政府的职能履行紧密联系的特有职能。地方税体系是切实发挥为地方政府筹集收入、调节分配和促进经济结构优化作用的税收制度集合。

我国现行的地方税制体系确立于1994年的分税制。1993年12月25日，国务院发布《关于实行分税制财政管理体制的决定》，决定从1994年1月1日起改革地方财政包干体制，对各省、自治区、直辖市以及计划单列市实行分税制

① 参见李堃:《中国地方税体系改革研究》，吉林大学博士学位论文，2015年。

财政管理体制。分税制改革正式确立了中央税、地方税和共享税的框架，各税种收入在各级政府间有了明确归属，这是对中央和地方政府之间税收关系最大范围、最大程度的一次调整，为我国经济建设和社会进步提供了制度与财力保障，同时也为下一步地方税体系改革建立了制度基础。1995 年实施的《预算法》第 8 条明确规定"国家实行中央和地方分税制"，从法律上确立了我国分税制的财税管理体制。2001 年 12 月 31 日，国务院发布《所得税收入分享改革方案》，就我国个人所得税和企业所得税的分享范围、比例、征管、分配使用等进行新的调整。2002 年 12 月 26 日，国务院批转财政部《关于完善省以下财政管理体制有关问题的意见》，就省以下各级政府的事权范围和财政支出责任、省以下各级政府财政收入的划分、省以下财政转移支付制度的规范等作出原则性规定。这些法律和规范的出台，为地方税体系奠定了制度基础。① 至此，与分税制相联系的地方税由此产生，同时初步形成了我国地方税体系的基本框架。

随着经济发展的需要与税收征管实际情况的变化，我国在其后又进行了一系列地方税制改革：2001 年开征车辆购置税；2006 年废止农业税、屠宰税；2007 年开征由车船使用牌照税改名的车船税；2008 年将企业所得税与外商投资企业和外国企业所得税合并实施，废止筵席税；2009 年将城市房地产税并入房产税中；2012 年开始推进营业税改征增值税改革。最终地方税种从原来的 14 个减少到如今的 9 个。② 可以看出，中国地方税体系的改革是循序渐进的，随着社会发展情况的变化而变化。

二、地方税体系的框架③

（一）税收收入归属

在税收收入归属方面，以税收收益权为标准划分税种，初步建立了地方的固定收入体系。分税制初期，地方固定税收收入包括：营业税（不含铁道部门、各银行总行、各保险总公司集中交纳的营业税）、地方企业所得税（不含上述地方银行和外资银行及非银行金融企业所得税）、个人所得税、城镇土地使用税、

① 参见陈少英：《可持续的地方税体系之构建——以税权配置为视角》，载《清华法学》2014 年第 5 期。

② 参见王敏、曹润林：《分税制改革、城镇化进程与地方税体系完善研究》，载《财政研究》2015 年第 8 期。

③ 地方税体系框架的分析很大部分参考了李堃的分类方法。（参见李堃：《中国地方税体系改革研究》，吉林大学博士学位论文，2015 年）

固定资产投资方向调节税、城市维护建设税(不含铁道部门、各银行总行、各保险总公司集中交纳的部分)、房产税、车船使用税、印花税(除证券交易外)、屠宰税、农业税、牧业税、农业特产税、耕地占用税、契税、土地增值税、筵席税、遗产税、证券交易税。地方与中央共享税收收入包括:增值税(中央分享75%,地方分享25%)、资源税(按不同的资源品种划分,大部分资源税留作地方收入,海洋石油资源税作为中央收入)、证券交易印花税(中央与地方各分享50%)。2001年启动所得税收入分享比例改革,企业所得税与个人所得税实行中央与地方按比例分享。

1994年分税制改革以后,总体上我国地方税收收入占全国税收收入和全国GDP的比重都呈现了上升趋势。其中,地方税收收入占GDP的比重连年上升,上升趋势没有出现过中断,一直上升至2013年的9.5%;地方税占全国税收收入的比重虽然有个别年度存在下降情况,但是总体上升的态势比较明显,2013年达到了选择年度区间内的最高值48.8%。这些数据体现出地方税收收入占GDP的比重逐年上升,而且在全国税收收入中,地方税和中央税的规模逐年接近,已经几乎达到了各占一半的水平(具体见表4-4)。

表4-4　地方税总体收入规模情况表①

年份	地方税(A)(亿元)	全国税收(B)(亿元)	GDP(C)(亿元)	A/B	A/C
1995年	1596.8	5159.6	60793.7	30.9%	2.6%
1996年	2094.0	5941.3	71176.6	35.2%	2.9%
1997年	2597.3	8234.0	78973.0	31.5%	3.3%
1998年	2950.8	9262.8	84402.3	31.9%	3.5%
1999年	3312.1	10682.6	89677.1	31.0%	3.7%
2000年	3733.7	12581.5	99214.6	29.7%	3.8%
2001年	4716.3	15301.4	109655.2	30.8%	4.3%
2002年	5320.0	17636.5	120332.7	30.2%	4.4%
2003年	6303.8	20017.3	135822.8	31.5%	4.6%
2004年	9999.6	24165.7	159878.3	41.4%	6.3%

① 参见李堃:《中国地方税体系改革研究》,吉林大学博士学位论文,2015年。

续表

年份	地方税(A)(亿元)	全国税收(B)(亿元)	GDP(C)(亿元)	A/B	A/C
2005 年	12726.7	28778.5	184937.4	44.2%	6.9%
2006 年	15233.6	34809.7	216314.4	43.8%	7.0%
2007 年	19252.1	45622.0	265810.3	42.2%	7.2%
2008 年	23255.1	54223.8	314045.4	42.9%	7.4%
2009 年	26157.4	59521.6	340902.8	43.9%	7.7%
2010 年	32701.5	73210.8	401512.8	44.7%	8.1%
2011 年	41106.7	89738.4	473104.0	45.8%	8.7%
2012 年	47319.1	100614.3	519470.1	47.0%	9.1%
2013 年	53890.9	110530.7	568845.2	48.8%	9.5%

数据来源:《中国统计年鉴(2014 年)》,http://www.stats.gov.cn/tjsj/ndsj/,2015 年 11 月 2 日。

(二)税收征收管理体系

以税收征管权为标准,分设国、地税两套机构,地方税的征管归地方税务局负责。在征收管理机构方面,国家税务总局是国务院的直属机构。其前身是财政部税务总局,成立于 1950 年,1988 年更名为国家税务局,1993 年改革重组为国家税务总局。主要负责管理国家税收,拟定全国范围的税收法律、法规和规范性文件,组织国家财政收入,运用税收杠杆对经济进行宏观调控。财政部、海关总署在税收政策制定或税收征收管理方面也负有相应职责。省和省以下税务机构分为国家税务局和地方税务局两套机构。国家税务局受国家税务总局的垂直领导;地方税务局受国家税务总局业务指导,同时受省政府领导。这两套机构负责不同税种的征收管理职责(见表 4-5)。

表 4-5　　国家税务局和地方税务局税种征管范围一览表①

国家税务局	地方税务局
增值税	营业税
消费税	企业所得税

① 参见李堃:《中国地方税体系改革研究》,吉林大学博士学位论文,2015 年。

续表

国家税务局	地方税务局
车辆购置税	个人所得税
企业所得税	土地增值税
	房产税
	城镇土地使用税
	耕地占用税
	契税
	资源税
	车船税
	印花税
	城市维护建设税
	烟叶税

注:①企业所得税由国税局和地税局分别按照税务总局规定的范围征管;②铁道部门、各银行总行、各保险公司总公司集中缴纳的营业税、城市维护建设税由国税局征管;③海洋石油企业缴纳的资源税由国税局征管;④证券交易印花税由国税局征管;⑤表格中未予列示的关税和船舶吨税由海关征管。

(三)税收立法权

税收立法权高度集中于中央,地方基本没有税收立法权。国务院《关于实行分税制财政管理体制的决定》规定,划分税种以后,中央税、共享税以及地方税的立法权都要集中在中央,以保证中央政令统一,维护全国统一市场和企业平等竞争。2000 年 7 月 1 日实施的《立法法》明确规定,财政、税收基本制度是法律保留的事项,但经全国人大或全国人大常委会授权,国务院可以根据实际情况对其中的部分事项先制定行政法规。2001 年 4 月 28 日,全国人大常委会修订通过的《税收征收管理法》第 3 条明确规定:税收的开征、停征以及减税、免税、退税、补税,依照法律的规定执行;法律授权国务院规定的,依照国务院制定的行政法规的规定执行。这些法律规定使我国税收立法权高度集中于中央。在地方税权方面,除民族自治地方依法享有一定的税收减、免权外,其他地方只具有在一些税种税制要素方面的确定权。如对城镇土地使用税和车船税的税额有确定权,以及对营业税中的娱乐业税率和资源税中的资源等级表未列举名称的征税对象税额有决定权;对于增值税和营业税,省级财税部门可以在国家确定的5000～20000元的幅度区间内，确定适用于本地个人的起征点额度；等等。这种确定权的幅度空间非常小，必须限定在中央政府出台的税种制度规定的范围之内（见表4-6）。总体而言，地方在税收立法方面基本处于无权状态。

表4-6　　地方政府或同级财税部门税收自主权限一览表[①]

<table>
<tr><th></th><th>法律法规名称</th><th>具体条款</th><th>地方税收自主权限</th></tr>
<tr><td>1</td><td>《增值税暂行条例实施细则》</td><td>第37条</td><td>省级财税部门在规定的幅度内确定本地区适用的起征点</td></tr>
<tr><td>2</td><td>《消费税暂行条例实施细则》</td><td>第21条</td><td>省级国税局核定少部分应税消费品的计税价格</td></tr>
<tr><td rowspan="3">3</td><td>《营业税暂行条例》</td><td>第2条</td><td>省级政府在规定的幅度内决定娱乐业税率</td></tr>
<tr><td rowspan="2">《营业税暂行条例实施细则》</td><td>第20条</td><td>省级税务局确定营业额核定公式中的成本利润率</td></tr>
<tr><td>第23条</td><td>省级财税部门在规定的幅度内确定本地区适用的起征点</td></tr>
<tr><td>4</td><td>《资源税暂行条例》</td><td>第3条</td><td>省级政府确定国家未予规定的个别原矿税率</td></tr>
<tr><td>5</td><td>《企业所得税法》</td><td>第29条</td><td>民族自治地方的自治机关决定地方分享部分减税或免税</td></tr>
<tr><td>6</td><td>《个人所得税法实施条例》</td><td>第16条</td><td>省级政府规定残疾、烈属等个人的减税</td></tr>
<tr><td rowspan="2">7</td><td rowspan="2">《城镇土地使用税暂行条例》</td><td>第5条</td><td>省级政府在规定税额幅度内确定辖区税额幅度</td></tr>
<tr><td>第13条</td><td>省级政府制定本地实施办法</td></tr>
<tr><td rowspan="2">8</td><td rowspan="2">《土地增值税暂行条例实施细则》</td><td>第7条</td><td>省级政府在规定幅度内确定可予扣除的部分费用</td></tr>
<tr><td>第11条</td><td>省级政府规定普通标准住宅与其他住宅划分界限</td></tr>
<tr><td rowspan="3">9</td><td rowspan="3">《房产税暂行条例》</td><td>第3条</td><td>省级政府在规定幅度内确定减除标准</td></tr>
<tr><td>第6条</td><td>省级政府确定部分情况下定期减税或免税</td></tr>
<tr><td>第10条</td><td>省级政府制定本地施行细则</td></tr>
<tr><td rowspan="2">10</td><td rowspan="2">《耕地占用税暂行条例》</td><td>第5条</td><td>省级政府在规定幅度内确定税额水平</td></tr>
<tr><td>第20条</td><td>省级政府规定部分情况下生活困难农村居民减免税</td></tr>
</table>

① 参见李堃：《中国地方税体系改革研究》，吉林大学博士学位论文，2015年。

续表

<table>
<tr><th></th><th>法律法规名称</th><th>具体条款</th><th>地方税收自主权限</th></tr>
<tr><td rowspan="3">11</td><td>《契税暂行条例》</td><td>第3条</td><td>省级政府在规定幅度内确定本地税率</td></tr>
<tr><td rowspan="2">《契税暂行条例细则》</td><td>第15条</td><td>省级政府规定特定情况下减免税</td></tr>
<tr><td>第21条</td><td>省级政府可以制定本地实施办法</td></tr>
<tr><td rowspan="4">12</td><td rowspan="2">《车船税法》</td><td>第2条</td><td>省级政府在规定幅度内确定车辆具体适用税额</td></tr>
<tr><td>第5条</td><td>省级政府对部分特殊车船定期减征或者免征车船税</td></tr>
<tr><td rowspan="2">《车船税法实施条例》</td><td>第3条</td><td>省级政府在规定幅度内确定车辆具体适用税额</td></tr>
<tr><td>第10条</td><td>省级政府在一定期限内规定特殊情况减税或免税</td></tr>
<tr><td>13</td><td>《城市维护建设税暂行条例》</td><td>第9条</td><td>省级政府可以制定本地实施细则</td></tr>
</table>

第三节　地方税体系的现状及存在的问题

1994年的分税制初步建立了地方税体系，经过20年的运行，在取得重大成效的同时也出现了许多问题。这些问题有的源于体系本身的缺陷，更多的则是面对经济社会发展带来的新问题、新挑战的不适应。

一、地方税收体系中主体税种缺位

根据统计数据分析，截至2014年，我国地方税收收入中，营业税收入占比不足1/3，共享税占1/3以上(见表4-6)，共享税比例明显过高，地方主体税种不突出。而且目前我国正在推行营业税改征增值税改革，最终将取消营业税，实现增值税全覆盖。对于地方税体系而言，营业税是地方主要收入来源之一，营业税的消失，在没有其他主体税种弥补的情况下，地方税收收入将受到极大冲击，也必将带来增值税等共享税收入分享格局及其比例的变化，从而对中央和地方财政关系产生重大影响，地方税体系面临重建。①

① 参见高培勇:《“营改增”的功能定位与前行脉络》，载《税务研究》2013年第7期。

表 4-6　　共享税与营业税占地方税收收入比重明细(2007～2014 年)[①]

时间	地方财政税收收入（亿元）	共享税比重	营业税比重
2014 年	59139.91	39.68%	29.95%
2013 年	53890.88	38.26%	31.83%
2012 年	47319.08	38.43%	32.85%
2011 年	41106.74	39.82%	32.85%
2010 年	32701.49	40.09%	33.65%
2009 年	26157.43	41.31%	33.82%
2008 年	23255.11	45.81%	31.80%
2007 年	19252.12	45.98%	33.14%

二、地方税收收入结构不合理

地方税收收入结构不合理主要表现在：间接税比重大，直接税比重低，辅助税种数量多，税源过度依赖间接税。从纳税主体看，源于企业的税收收入占比高，较少来自于个人。2012 年，来自各类企业缴纳的税收收入占比高达 92.06%，而来自居民缴纳的税收收入占比只有 7.94%。从税种结构看，税收主要来自流转税，较少来自所得税。2012 年，我国全部税收收入中来自流转税的收入占比为 70%以上，而来自所得税和其他税种的收入合计占比不足 30%。

间接税过高会带来很多问题。首先，间接税对宏观经济的调节作用不强。2013 年，我国税收收入 11 万亿元，增值税、营业税、消费税占 49%，意味着我国税收的一半都是转嫁性的。中央政府运用税收手段促进经济结构调整时，会产生作用不直接、效果不明显的情况。其次，间接税不利于缩小贫富差距。2013 年我国税收收入中，直接税中的个人所得税占比仅为 5.8%，而且几乎没有任何其他向居民个人征收的财产税收入。这意味着我国税收与居民个人之间的对接渠道极其狭窄，不利于政府运用税收的手段调节居民收入分配差距。再次，间接税不利于转变经济发展方式。间接税比例过高，会鼓励地方政府一味追求

① 根据国家统计局网站年度统计数据整理，国家数据(http://data.stats.gov.cn/easyquery.htm?cn=C01)，访问日期为 2015 年 11 月 2 日。

GDP数量增长，通过投资而不是通过提高效益和居民收入来提高财政收入，容易形成产能过剩。最后，间接税抑制中小型微利企业的发展。间接税具有的累退性，会导致收入低的企业税收负担相对较重，收入高的企业税收负担相对较轻，不利于纵向公平。①

三、地方税收收入规模不足

相对于地方政府的财政支出需求，地方税收收入规模不足。从表4-7提供的数据可以看出，我国地方税收收入占地方财政支出的比例只有44%左右；地方税收收入占地方财政收入的比例在77%左右，地方税收收入明显不够充足，导致"土地财政"问题突出。自从我国对土地实行有偿使用措施以来，在地方税收收入有限的情况下，地方政府凭借公权力将土地进行出让，获取高额国有土地使用权出让收益，这一收益甚至已经超出地方税收收入，超出了地方公共财政收入。对2007～2010年的数据加以分析可以发现，地方国有土地使用权出让收入与地方本级财政收入的比率从2007年的35%上升到2010年的75%，与地方公共财政收入的比率从2007年的18%上升到2010年的41%，这就意味着国有土地使用权出让收入完全可以扮演地方的"第二财政"角色。②

表4-7　　我国地方税收收入与财政支出情况表③

年份	地方税收收入(亿元)	地方一般预算收入(亿元)	地方税收收入占一般预算收入比例(%)	地方财政支出(亿元)	地方税收收入占地方财政支出比例(%)
2011年	41091.11	52433.86	78.37	92415.48	44.46
2012年	47317.24	61077.33	77.47	106947.45	44.24
2013年	53863.61	68969.13	78.10	119272.51	45.16

资料来源：根据财政部国库司数据整理。

① 参见武国琼：《论我国现行财税体制中存在的问题及深化改革策略》，载《改革与战略》2015年第11期。

② 参见贾康、刘微：《"土地财政"论析——在深化财税改革中构建合理、规范、可持续的地方"土地生财"机制》，载《经济学动态》2012年第1期。

③ 参见文小才：《中国地方税体系建设的回顾、反思与展望》，载《经济研究参考》2015年第37期。

四、税收立法有待健全

一是税收立法权高度集中，不利于调动地方积极性。立法权过分集中于中央，中央替代地方决策，立法难以体现地方意志。地方缺乏税收自主权，不利于地方因地制宜。二是作为征税依据的税种制度法律层级较低，税法的权威性和严肃性没有很好地得到体现。现行18个税种之中，经全国人民代表大会及其常务委员会通过的税收实体法只有3部，大多数税种都是由全国人民代表大会及其常务委员会授权国务院及有关部门制定并予以颁布实施的暂行条例、部门规章或者行政法规所规定，法律层级明显偏低。而且，税收法规、部门规章和规范性文件之间的冲突情况并不少见。如营业税改征增值税这一对流转税制度产生重大影响的改革，实际上是对营业税和增值税税收法规的突破，而在实践中仅是依据财政部和国家税务总局制定的规范性文件即予以实施，仅仅在文件内容表述上加了“经国务院批准”字样。另外，税收规范性文件过多，条款内容相互重复矛盾、政出多门的现象没有得到根本遏制。各行政管理部门经常出台一些综合性的扶持或优惠政策，税收政策往往是其中的重点部分，经常出现与现行国家税收法律政策相违背的情况。

五、中央地方之间税种划分需要调整

我国中央税、地方税和共享税之间的划分，基本是对收入额度较高的税种用“切蛋糕”的方式“分钱”，对收入额度较低的税种才兼顾税种的属性或者是功能。在流转税中，我国建立的是增值税与营业税并行的制度，增值税收入由中央和地方分享，并就增量部分给予地方税收返还，这就意味着地方政府追求数量型经济增长有利可图，不能完全遏制在税收收入驱动下进行恶性竞争，致使产业趋同性过高、产能过剩。自2012年开始实施营业税改征增值税，虽然明确改征后的增值税收入仍归地方，但只是过渡性做法，在营业税全部改征增值税以后，还需要重新调整和明确流转税中增值税与消费税的收入划分及征管权限归属。

六、地方税税种制度的完善较为滞后

在税种功能发挥上，我国现行税制体系中很多税种已经不适应经济发展的要求。如房产税、城镇土地使用税、土地增值税、契税、耕地占用税和印花税等，都是在改革中出于实施房地产调控、筹集地方收入的意图进行征收的。房产税和城镇土地使用税在保有环节对企业和单位征收,土地增值税和契税在交易环节征收,契税和耕地占用税向买方征收,土地增值税向卖方征收,印花税则向双方征收。契税、房产税实行比例税率,耕地占用税、城镇土地使用税等使用定额税率,土地增值税则实行超率累进税率。这些税种制度之间并不协调,而且存在税种过多、纳税人税负过重的弊端。其中,土地增值税已经不适应目前经济发展的实际需要,在其他税种可以实现对房地产市场调控的基础上,征收这一税种已经成为加重纳税人税收负担的主要原因,过高的累进税率设计也不合理。在制度优化上,一些地方税税种的基础法律依据仍然没有得到全面修订。如现行《房产税暂行条例》是 1988 年制定的,现行《契税暂行条例》是 1997 年制定的。其他一些地方税税种所依据的暂行条例虽然在 1994 年以后经历过修订,但修订的着眼点只是对征收范围和税率水平等急需修改的内容,对于其他税收要素以及征管措施等具体问题,并没有根据经济形势的发展和客观情况的变化及时更新和细化。[①] 而且,一些具有特殊调节作用的税种没有开征,如房地产税、环境保护税、遗产和赠与税等。

总之,作为筹集地方财政收入主要手段的地方税制度体系,在税收自主权程度、税种范围确定、税制要素设计方面不尽合理,导致收入规模偏小,难以满足地方政府目前支出责任的需要,最终出现基本公共服务均等化程度不高且地区之间差异较大,地方财政过于依赖"土地财政"、依赖中央税收返还和转移支付等问题。而地方税相关税种调节功能没有得到有效发挥,税收政策对产业的支持或限制作用不明显,也使得地方经济结构失衡、产业过度趋同、产能过剩、收入分配差距拉大等问题层出不穷。

第四节　深化地方税体系改革　促进新型城镇化发展

新型城镇化是未来我国经济社会发展的重要增长点和依托,在城镇化巨大的资金需求与地方政府有限财力的困境面前,必须加快完善我国地方税体系,扭转传统粗放式的城镇化发展模式。因此,完善地方税体系,建立科学的财税体制,是优化资源配置、实现国家长治久安的制度保障,也是当前新一轮财税体

① 参见李堃:《中国地方税体系改革研究》,吉林大学博士学位论文,2015 年。

制改革的重要任务。十八届三中全会提出，要深化税收制度改革，完善地方税体系，在保持现有财力格局稳定的基础上，考虑税种属性，进一步理顺中央和地方收入划分。在“营改增”全面扩围、营业税作为地方主体税种作用逐渐消失的情况下，确立地方主体税种、重构地方税体系是目前的重点任务。

一、确立我国地方税体系改革的目标

一是要充分保障地方政府财力。保障地方政府财力是地方税体系构建的最直接目的。因此，地方税体系改革必须在符合总体公平和效率原则的前提下，以保持中央和地方税收分配格局总体稳定为前提，以满足公共服务的全面有效提供为标准，尽可能地筹集到必要的财政收入。二是以优化税制结构为目标，科学合理构建地方税体系，有效发挥税收职能作用。三是要优化地方税税种结构，增强地方政府提供基本公共服务的能力，引导地方政府理性行为，高质量推进城镇化建设。

二、地方税体系改革的基本思路和路径

（一）合理划分地方税、中央税和中央地方共享税比例

税收的分配涉及国家发展战略，也是财税调节功能的具体表现。要完善财税的调节功能，应根据改革目标合理规划税收具体分配情况。在分税制形成的划分格局下，营业税是地方税体系中的主体税种，其收入占地方税收收入的比重接近 1/3。自我国实行营业税改征增值税的改革后，地方税收比例开始显著降低，而地方政府的事权却越来越多。地方和中央承担的事权比例差距很大，税收差距却呈反方向变动。[①] 应以适当提高地方税收的比例为前提，科学规划财税分配，理顺中央与地方以及地方各级政府之间的分配关系，改变财力与事权不匹配的现状。

（二）确立地方主体税种

地方税主体税种的设置是地方税体系建设的核心，直接关系到地方税收收入的稳定与可持续发展。在现行税收划分格局下，地方税种类虽多，但多是一些税基较窄、税源分散且征管难度大的税种，缺乏税基广泛、税源充裕的主体税

---

① 参见杨柳、沈肇章：《新常态下我国财税改革的重点与创新路径》，载《现代经济探讨》2015 年第 9 期。

种。“营改增”改革使营业税征税范围逐步缩小乃至最终被增值税所替代，重新构造地方税主体税种成为优化地方税体系的首要任务。地方税主体税种的选择应当考虑几个要点：一是该税种应该具有税基较宽、税源稳定、收入增长潜力较大的特点；二是收入可控，能够起到有效调节地区产业结构的作用；三是具有征缴成本低、征管便利等特征。考察目前我国学界的各项研究，大多认为房产税、消费税或城市维护建设税等税种是地方税体系建设中重点培育的支柱财源。

一是房产税。有学者建议将目前在房地产交易和保有环节的部分税种进行合并，作为房地产税予以征收，将其培育为地方主体税种。从国际经验看，房产税税基广泛固定、税源稳定充足，是地方政府尤其是基层政府税收收入的主要来源，此类税种作为地方政府主体税种是比较常见的选择。从实践中看，房地产业与地方政府经济发展相关程度十分紧密，并且在各个地区都有很大的规模。应重新整合房产税、耕地占用税、城镇土地使用税和土地增值税，削弱房地产交易环节的税收，完善保有环节的房产税。要逐步完善房产税税法设计，房产税立法应当明确税收立法原则、税率、计税依据、征收范围、征收办法等。具体的实施细则如房产价值的评估、税收的使用方向等，可由地方根据当地情况确定。我国目前现行房地产税收制度存在着税种繁杂、计税依据不合理、课税范围偏窄、各环节税负不均衡以及税收优惠范围过大等一系列亟待解决的问题，收入规模较小，无法为地方政府带来充裕的税收收入。要将其打造为主体税种，还应在上海、重庆房产税改革试点的基础上继续推广和深化，按照宽税基、低税率的原则对现有房地产相关税种进行有效整合，并以房产的评估价值为计税依据，对拥有房产所有权和使用权的个人和法人按年计征。房产税的税率可设定为幅度税率，由各地根据本地实际情况确定具体税率水平，并根据属地原则征管。房产税的征税重心由房产的流转环节转向保有环节，不仅能够充分发挥其抑制房地产投机、调节收入分配的作用，同时随着我国城镇化的加速推进，也能够为地方政府带来充足而稳定的收入，逐步成为地方政府的支柱财源。

二是消费税。消费税是对特定商品征收的税种，实际上属于对增值税的一种特定附加，只不过仅对部分列举的商品或产品征税。有学者提出，从全国消费税收入的整体规模上看，2013 年，全国国内消费税收入接近营业税收入的一半，不失为作为地方税主体税种的一种现实选择。消费税相对税基较宽且具增长潜力，而且在地区产业结构方面具有较强的调节性，征收管理也较为简便，这是其作为地方税主体税种备选的有利条件。可以考虑将一些高能耗、高污染产品和高档消费品纳入征税范围，将一些已经成为居民基本生活用消费品及其他不适合继续征收消费税的产品调出征税范围；将主要集中于生产环节征收的消费税调整为主要在批发和零售环节征收，使税源分布更加均衡，调节作用更为直接；将一些不利于环境保护、社会公平的应税消费品纳入更高税率层级，并适度降低一些应税消费品的税率水平；等等。

三是城市维护建设税。取消城市维护建设税作为增值税和营业税附征税种的性质，独立征收城市维护建设税并作为地方税主体税种。学者们建议，将城市维护建设税培育为地方税主体税种，并在遵循受益和负担对等原则的基础上扩大其征税范围，以企业的营业收入、销售收入和其他经营收入为计税依据。同时，将与城市维护建设相关的行政收费纳入其中，从而使其收入水平在现有基础上再上一个台阶，更好地发挥城市维护建设税的资金筹集功能，增加地方税收收入的稳定性。

四是共享税中的企业所得税。企业所得税作为地方税主体税种备选，要视其他纯地方性税种收入的规模而考虑。在纯地方性税种收入难以支撑地方税收收入的情况下，最好的选择就是企业所得税。学者们认为，在营业税全面改征增值税后，调整企业所得税中央与地方分享比例比调整增值税分享比例更为适当，毕竟在设计分税制时就有以企业所得税作为地方主体税种之一的考虑。

（三）优化地方辅助税种

一是优化资源税体系。资源税是典型的绿色税种，完善的资源税体系不仅是筹集收入的重要来源，还可以起到促进资源节约、合理、有效利用的作用。新一轮资源税改革于 2010 年 6 月 1 日在新疆进行试点，2011 年 11 月 1 日推广至全国。改革在从量定额计征基础上增加了从价定率的计征办法，并调整了原油、天然气等品目的资源税税率，在促进低碳发展和节能降耗的同时，大幅增加了地方政府的税收收入。下一步应当扩大征收范围，整合现有税种，以地方资源为支撑，逐步扩大资源税征收范围，将水资源、森林、草原、滩涂和海洋等与土地相关的资源列入征收范围。同时，将从价计征逐步扩大到煤炭等重要资源产品，将税收与资源市场价格直接挂钩，促进资源的合理使用，增加地方税收收入。另外，还要逐步清理地方自行出台的与资源开采使用相关的收费项目，解决资源企业税费负担不公平、不均衡等问题。

二是推动个人所得税以家庭为单位的分类与综合相结合的征收模式，完善个人所得税税制。我国现行的个人所得税设计比较简单，目前实行的是分类税制，除税收列举的收入外，没有综合其他来源的收入。个人所得税的设计必须与个人取得收入及所得的方式相衔接，与社会管理体制机制相配套。应逐渐改革创新适合我国国情的个人所得税制度及征管模式，由分类转向综合与分类相结合的税制，同时考虑纳税人家庭生活需要及必要扣除因素，体现个人所得税的人文性，进而规范政府从居民收入中取得收入的方式。

（四）适时开征新的税种

一是建立环境保护税制度。将环境保护方面的各项收费整合为环境保护税，促进环境保护税立法。这样既有利于地方集中财力进行环境治理，又可从源头控制各种污染行为，从法律层面规范环境治理费用的取得。可以结合地方实际适时开征独立环境保护税以取代排污费，有效治理企业排污行为，并逐步扩大该税种的征税范围。陆续取消防洪基金等类似行政事业性收费或政府性基金，将这些收费或基金的征收范围合并到环境保护税制度中，发挥税收对生态环境保护的促进作用。

二是建立社会保障税制度。我国人口老龄化进程正在加快，社会保障问题成为重要的社会问题，而我国现行社会保障收入筹集办法的规范性、强制性和约束力明显不足。开征社会保障税作为地方政府收入的一个税种，既能筹集养老资金，又能结合当地情况因地制宜解决养老资金不足的问题。应当完善现有的社会保障筹资形式，以社会保障费为主体内容，合并残疾人保障基金、副食品价格调节基金等类似性质收费或基金项目。在时机成熟时，将社会保险费改为社会保障税。随着我国社会保障制度的发展完善和社会保障统筹层次的不断提高，未来的社会保障税有望成为省级财政的主体税种。

三是在适当时机建立遗产和赠与税制度。开征遗产税可以使遗留财产中的一部分重新参与社会分配，限制不劳而获，尽可能淡化后人对遗产的依赖，激发和鼓励后代在国家政策的引导下继续创造财富。与其他税种相比，遗产税的显著特点是其征收的偶发性、一次性，征税面窄。应与财产登记制度相配合，采取超额累进税率，发挥累进税率的量能负担和促进公平原则，运用起征点政策并适当设计合理的扣除项目，发挥税收调节财富再分配的功能。随着经济规模的增大和居民收入的提高，遗产与赠与税亦可成为地方政府取得收入的一个重要来源。

(五)赋予地方政府适度的税收立法权与管理权

我国幅员辽阔,各个地区间的经济发展和其所拥有的物产资源等不尽相同,税源分布情况存在着较大差异。随着经济的发展,税收立法权的高度集中很难保证中央政府能够根据地方实际发展情况与税源分布情况制定合理的税收政策,所以应适当扩大地方的税收权限。中央政府赋予地方政府一定的税收立法权,让地方政府制定有利于地区发展的税收法律法规。从目前来看,可以在地方税管理权上有所突破。如在原则和授权范围内,地方人大以行政性法规规定地方税执行层面问题。

第五章

深化财政管理体制改革　推进新型城镇化发展

十八届三中全会强调要建立事权和支出责任相适应的现代财政体制。2014年7月，中共中央政治局会议审议通过了《深化财税体制改革总体方案》，改进预算管理制度、完善税收制度、建立事权与支出责任相适应的制度成为新一轮深化财税体制改革的核心内容。由此可见，建立事权与支出责任相适应的法律制度是深化财税体制改革和完善财政法体系的关键环节，关系到政府与市场关系的界定、政府职能的理顺以及政府间财政关系的处理，改革的过程同时也是相关财税法律制定和完善的过程。

第一节　中央与地方之间财政关系演变

1994年分税制开启了财政权力配置改革，财政收入、财政支出、转移支付、预算、决算、审计等基础环节设置，机构、分工及其平衡等主体因素调整，以及政府层级调整、社会保障体系这些配套措施改革等逐步开展，奠定了中央与地方关系格局，重新配置了财政权力，进而重构了我国财政权力的运行机制，其框架和规则延续至今。

一、财权、财力与事权、支出责任辨析

1994年分税制改革以来，关于中央与地方财政关系，中央文献的表述经历了从“事权与财权相结合原则”到“财权与事权相匹配原则”，再到“财力与事权

相匹配原则”的不同表述[1]，目前又提出“事权与支出责任相适应”的概念。

1993 年，《国务院关于实行分税制财政管理体制的决定》规定：“按照中央与地方政府的事权划分，合理确定各级财政的支出范围；根据事权与财权相结合原则，将各税种统一划分为中央税、地方税和中央地方共享税，并建立中央税收和地方税收体系，分设中央与地方两套税务机构分别征管。”

2003 年，十六届三中全会通过的《中共中央关于完善社会主义市场经济体制若干问题的决定》，明确提出要按照具体事项的影响范围原则来划分中央和地方责权：“合理划分中央与地方经济社会事务的管理责权。属于全国性和跨省（自治区、直辖市）的事务，由中央管理，以保证国家法制统一、政令统一和市场统一。属于面向本行政区域的地方性事务，由地方管理，以提高工作效率、降低管理成本、增强行政活力。属于中央和地方共同管理的事务，要区别不同情况，明确各自的管理范围，分清主次责任。”

党的十七大报告提出要“健全中央和地方财力与事权相匹配的体制”。“十二五”规划也提出：“在合理界定事权基础上，按照财力与事权相匹配的要求，进一步理顺各级政府间财政分配关系。”从改革的具体内容来看，“财力与事权相匹配原则”的提出是为应对分税制改革出现的新情况、新问题，从而取代“财权与事权相匹配原则”的表述。

2013 年，十八届三中全会通过的《中共中央关于全面深化改革若干重大问题的决定》中，有关中央与地方事权和支出责任划分的表述为：“建立事权和支出责任相适应的制度。适度加强中央事权和支出责任，国防、外交、国家安全、关系全国统一市场规则和管理等作为中央事权；部分社会保障、跨区域重大项目建设维护等作为中央和地方共同事权，逐步理顺事权关系；区域性公共服务作为地方事权。中央和地方按照事权划分相应承担和分担支出责任。中央可通过安排转移支付将部分事权支出责任委托地方承担。对于跨区域且对其他地区影响较大的公共服务，中央通过转移支付承担一部分地方事权支出责任。”

2014 年，党的十八届四中全会通过的《中共中央关于全面推进依法治国若干重大问题的决定》提出：“推进各级政府事权规范化、法律化，完善不同层级政府特别是中央和地方政府事权法律制度，强化中央政府宏观管理、制度设定职责和必要的执法权，强化省级政府统筹推进区域内基本公共服务均等化职责。

---

[1] 参见徐阳光：《论建立事权与支出责任相适应的法律制度》，载《清华法学》2014 年第 5 期。

强化市县政府执行职责。”

理论界对于事权概念的理解可谓见仁见智。有学者指出:“事权是指政府的任务或职能,政府提供的公共服务。从另一个角度来说就是政府的支出职责。”①另有一些学者认为,事权就是权力,是处理事情的职权,主要包括三部分:国家事权、政府事权和财政事权。② 也有学者总结学界对于事权概念达成的普遍共识,提出事权指政府基于它自身的地位和职能所享有的提供公共物品、管理公共事务的职责和权力。③

关于几个概念之间的关联,也有几种观点。有的学者认为:“应该是保障‘财力’与‘事权’相匹配,而不是‘事权’与‘财权’相匹配。”④也有学者认为,“财力与事权匹配”是实然状态,而应然状态应该是“财权与事权相匹配”,“财权在各级政府之间的划分是财政利益在各级政府间分配的体现”。⑤ 有学者分析指出,在目前的中央文件中,对“财力”的提法强过“财权”。“财力”与“事权”两词在官方文件中起始的时点基本是相同的,两者存在伴生关系,只是随着近年来中央在各类场合对两词用量的丰富,逐渐出现了新的用法与关联词汇。对于地方而言,需要的到底是“财力”还是“财权”有本质的区别。“财力”大体上是一种“外力”,主要以中央对地方的财政转移支付和税收返还为主,同时辅之以地方自身的税收和其他财政收入。就“财权”而言,地方的主动性不言而喻。⑥ 还有学者提出,从改革的具体内容来看,“财力与事权相匹配原则”的提出是为应对分税制改革出现的新情况、新问题,从而取代“财权与事权相匹配原则”的表述。而提出“事权与支出责任相适应”则是为了更好地理顺中央与地方的收入分配,更好地实现“财力与事权相匹配”的目标,理顺了财税体制改革的逻辑思路。⑦

“事权与支出责任”引起人们重视是在 2013 年,十八届三中全会的报告中着重提出要“适度加强中央事权和支出责任”,“中央和地方按照事权划分相应

---

① 张震华:《关于中央与地方事权划分的几点思考》,载《海南人大》2008 年第 7 期。

② 参见谭建立编著:《中央与地方财权事权关系研究》,中国财政经济出版社 2010 年版,第 6 页。

③ 参见王乃斌:《中央和地方政府财权与事权划分中存在的问题及对策分析》,载《重庆大学贸易与行政学院学报》2008 年第 8 期。

④ 周潇枭:《专访财政部财政科学研究所副所长刘尚希:未来应建立“财力”与“事权”相匹配的财政体制》,载 2012 年 10 月 9 日《21 世纪经济报道》。

⑤ 参见李齐云、马万里:《中国式财政分权体制下政府间财力与事权匹配研究》,载《理论学刊》2012 年第 11 期。

⑥ 参见谭波:《央地关系视角下的财权、事权及其宪法保障》,载《求是学刊》2016 年第 1 期。

⑦ 参见徐阳光:《论建立事权与支出责任相适应的法律制度》,载《清华法学》2014 年第 5 期。

承担和分担支出责任”等，使“支出责任”进入公众的视野。“支出责任”英文表述为“expenditure responsibility”，在主流财政学界一度被直接理解为等同于事权。事权的内涵即公共品供给职责，事权的划分即公共职责的划分，在财政支出上就是支出责任。[①] 也有学者对两者作出区分：“通常来讲，当述及财政活动和政府公共收支时，多使用‘支出责任’(expenditure responsibility)；当论及政治统治和政府强制时，多使用‘政府权力’(government power)。因此，支出责任只是事权的一个面向，虽然在特定的论域中，它是能够代表事权的本质的。”[②]

二、分税制改革确定的央地财政关系框架

一个国家的财政制度构建受制于历史和现实等各方面的因素，我国的财税改革路线同样如此。中国现行的政府间财政关系是由 1994 年分税制改革及其随后的局部调整而形成的。由于当时分税制改革的重点之一是解决中央政府财力不足的难题，因而很多改革措施都体现出了“政府与市场的分配关系上向政府倾斜，中央与地方的财力配置上向中央倾斜”的改革理念。

根据党的十四届三中全会通过的《中共中央关于建立社会主义市场经济体制若干问题的决定》，我国 1994 年分税制改革的初衷是，把现行地方财政包干制改为在合理划分中央与地方事权的基础上的分税制。《国务院关于实行分税制财政管理体制的决定》进一步明确规定：“按照中央与地方政府的事权划分，合理确定各级财政的支出范围；根据事权与财权相结合原则，将税种统一划分为中央税、地方税和中央地方共享税，并建立中央税收和地方税收体系，分设中央与地方两套税务机构分别征管；科学核定地方收支数额，逐步实行比较规范的中央财政对地方的税收返还和转移支付制度；建立和健全分级预算制度，硬化各级预算约束。”不难看出，分税制改革的确立是符合市场经济体制的方案，其灵魂是分事、分税、分管。分事，是把各级政府的职能划分清楚；分税，是根据政府职能划分，划分收入领域，分为中央税、地方税和共享税；分管，是各级财政各自组织和安排各自的收入与支出。[③]

遗憾的是，在分税制改革方案的实施过程中，由于当时行政体制改革和政

---

① 参见谭波：《央地关系视角下的财权、事权及其宪法保障》，载《求是学刊》2016 年第 1 期。

② 郑毅：《中央与地方事权划分基础三题——内涵、理论与原则》，载《云南大学学报（法学版）》2011 年第 4 期。

③ 参见徐阳光：《论建立事权与支出责任相适应的法律制度》，载《清华法学》2014 年第 5 期。

府职能转换无法跟上，导致事权划分不合理，“事权与财权相结合原则”后来也修正为“财力与事权相匹配”的原则。虽然省级以下政府也按照分税制的模式实施各级政府收入共享，但省级以下的各级政府事权划分缺乏方案，由此导致中央与基层政府的财力事权极为不对称，引发了土地财政的困境。再加上财政转移支付法律制度不完善，产生了“跑部钱进”现象，分税制也由最初的“分税”变成了事实上的“分成”。

中央和地方在事权上的纵向分权，即以事权定支出，在划分事权基础上划分中央和地方的财政支出范围。中央财政承担国家安全、外交、中央国家机关和行政部门运转经费，国民经济结构调整和地区发展协调以及其他全国性宏观调控和中央直接管理事务所需；地方主要承担地方各级行政部门运转经费以及本地区经济、事业发展所需。国务院 1993 年发布的《关于实行分税制财政管理体制的决定》，除明确划分央地收入之外，对中央与地方的事责（权）进行了基本界定：中央财政主要承担国家安全、外交和中央国家机关运转所需经费，调整国民经济结构、协调地区发展、实施宏观调控所必需的支出及由中央直接管理的事业发展支出。具体包括：国防费，武警经费，外交和援外支出，中央级行政管理费，中央统管的基本建设投资，中央直属企业的技术改造和新产品试制费，地质勘探费，由中央财政安排的支农支出，由中央负担的国内外债务的还本付息支出，以及中央本级负担的公检法支出和文化、教育、卫生、科学等各项事业费支出。地方财政主要承担本地区政权机关运转所需支出及本地区经济、事业发展所需支出。具体包括：地方行政管理费，公检法支出，部分武警经费，民兵事业费，地方统筹的基本建设投资，地方企业的技术改造和新产品试制经费，支农支出，城市维护和建设经费，地方文化、教育、卫生等各项事业费，价格补贴支出及其他支出。相比对财权的明确界定，《关于实行分税制财政管理体制的决定》对央地事责（权）的划分则相对笼统，没有注意与税权分配相协调。特别是规定由地方负责“本地区经济、事业发展所需支出”，就将教育、医疗、社会保障等公共事务推给了地方，导致地方承担了过于沉重的负担。[①] 在机构设置上分设了中央和地方两套税务机构，国税征收中央固定收入和共享收入，地税征收地方固定收入。

中央和地方事权划分的相关具体规定如表 5-1 所示：

---

① 参见冯辉：《宪政视野下央地税权分配体制之重构——以〈关于实行分税制财政管理体制的决定〉的修改为中心》，载《政治与法律》2015 年第 11 期。

表 5-1　　关于中央和地方事权划分的有关规定①

时间	名称	主要内容
1949 年 9 月	《中国人民政治协商会议共同纲领》	中央人民政府与地方人民政府间职权的划分,应按照各项事务性质,由中央人民政府委员会以法令加以规定,使之既利于国家统一,又利于因地制宜。
1951 年 3 月	《关于 1951 年财政收支系统划分决定》	国家财政支出,按照企业、事业和行政单位的隶属关系和业务范围,划分为中央财政支出和地方财政支出。
1956 年 4 月	《论十大关系》	在巩固中央统一领导的前提下,扩大一点地方的权力,给地方更多的独立性,发挥中央和地方两个积极性。
1982 年 12 月	《宪法》	中央和地方的国家机构职权的划分,遵循在中央的统一领导下,充分发挥地方的主动性、积极性的原则。
1993 年 11 月	《关于建立社会主义市场经济体制若干问题的决定》	合理划分中央与地方经济管理权限,发挥中央和地方两个积极性。宏观经济调控权,包括货币的发行、基准利率的确定、汇率的调节和重要税种税率的调整等,必须集中在中央。我国国家大,人口多,必须赋予省、自治区和直辖市必要的权力,使其能够按照国家法律、法规和宏观政策,制定地区性的法规、政策和规划;通过地方税收和预算,调节本地区的经济活动;充分运用地方资源,促进本地区的经济和社会发展。
2003 年 10 月	《关于完善社会主义市场经济体制若干问题的决定》	合理划分中央和地方经济社会事务的管理责权。按照中央统一领导、充分发挥地方主动性积极性的原则,明确中央和地方对经济调节、市场监管、社会管理、公共服务方面的管理责权。根据经济社会事务管理责权的划分,逐步理顺中央和地方在财税、金融、投资和社会保障等领域的分工和职责。
2004 年 3 月	《全面推进依法行政实施纲要》	中央政府和地方政府之间、政府各部门之间的职能和权限比较明确。合理划分和依法规范各级行政机关的职能和权限。

① 参见李堃:《中国地方税体系改革研究》,吉林大学博士学位论文,2015 年。

续表

时间	名称	主要内容
2004 年 9 月	《关于加强党的执政能力建设决定》	正确处理中央和地方的关系，合理划分经济社会事务管理的权限和职责，做到权责一致，既维护中央的统一领导，又更好地发挥地方的积极性。
2004 年 10 月	《地方各级人民代表大会和地方各级人民政府组织法》	关于县级以上的地方各级人民代表大会职权中规定：讨论、决定本行政区域内的政治、经济、教育、科学、文化、卫生、环境和资源保护、民政、民族等工作的重大事项。
2006 年 10 月	《关于构建社会主义和谐社会若干重大问题的决定》	进一步明确中央与地方的事权，健全财力与事权相匹配的财税体制。完善中央和地方共享税分成办法，加大财政转移支付力度，促进转移支付规范化、法治化。
2011 年 3 月	《“十二五”规划纲要》	按照财力与事权相匹配的要求，在合理界定事权基础上，进一步理顺各级政府间财政分配关系，完善分税制。

注：本书在原资料基础上加入时间并按照时间顺序进行了调整。

分税制改革在当时的历史条件下取得了巨大成就，维护了中央的财政自主，确保了当时央地关系的稳定。我们应当在肯定其取得成就的基础上，分析分税制改革之后出现问题的原因。深化财税体制改革，建立事权与支出责任相适应的法律制度，完善财政转移支付法律制度应是深化分税制改革的正确方式。

第二节　新型城镇化对财政管理体制提出更高要求

从实行分税制 20 多年来看，中央和地方财政收入比例与事权划分呈现严重倒挂现象（见表 5-2、表 5-3）。而且分税制改革主要解决的是中央和省级政府的财权划分关系，对省级以下的财权划分问题没有涉及。实际运行过程中省级政府多是“模仿”中央与省级政府的分税关系，财权层层上移，事权逐步下移，结果导致基层财政困难。如今，中央与地方之间财力与事权不匹配的问题已累积到非常严重的程度，地方财力不足问题开始出现集中爆发的迹象。种种迹象表明，理顺中央与地方的关系是改革的重点，也是难点。

表 5-2　　中央和地方财政收入及比重[①]

时间	全国财政收入（亿元）	中央财政收入（亿元）	地方财政收入（亿元）	中央财政收入比重（%）	地方财政收入比重（%）
2014 年	140370.03	64493.45	75876.58	45.9	54.1
2013 年	129209.64	60198.48	69011.16	46.6	53.4
2012 年	117253.52	56175.23	61078.29	47.9	52.1
2011 年	103874.43	51327.32	52547.11	49.4	50.6
2010 年	83101.51	42488.47	40613.04	51.1	48.9
2009 年	68518.30	35915.71	32602.59	52.4	47.6
2008 年	61330.35	32680.56	28649.79	53.3	46.7
2007 年	51321.78	27749.16	23572.62	54.1	45.9
2006 年	38760.20	20456.62	18303.58	52.8	47.2
2005 年	31649.29	16548.53	15100.76	52.3	47.7
2004 年	26396.47	14503.10	11893.37	54.9	45.1
2003 年	21715.25	11865.27	9849.98	54.6	45.4
2002 年	18903.64	10388.64	8515.00	55.0	45.0
2001 年	16386.04	8582.74	7803.30	52.4	47.6
2000 年	13395.23	6989.17	6406.06	52.2	47.8
1999 年	11444.08	5849.21	5594.87	51.1	48.9
1998 年	9875.95	4892.00	4983.95	49.5	50.5
1997 年	8651.14	4226.92	4424.22	48.9	51.1
1996 年	7407.99	3661.07	3746.92	49.4	50.6
1995 年	6242.20	3256.62	2985.58	52.2	47.8

① 根据国家统计局网站年度统计数据整理，国家数据（http://data.stats.gov.cn/easyquery.htm?cn=C01），访问日期为 2015 年 11 月 2 日。

表 5-3　　中央和地方财政支出及比重①

时间	全国财政支出（亿元）	中央财政支出（亿元）	地方财政支出（亿元）	中央财政支出比重(%)	地方财政支出比重(%)
2014 年	151785.56	22570.07	129215.49	14.9	85.1
2013 年	140212.10	20471.76	119740.34	14.6	85.4
2012 年	125952.97	18764.63	107188.34	14.9	85.1
2011 年	109247.79	16514.11	92733.68	15.1	84.9
2010 年	89874.16	15989.73	73884.43	17.8	82.2
2009 年	76299.93	15255.79	61044.14	20.0	80.0
2008 年	62592.66	13344.17	49248.49	21.3	78.7
2007 年	49781.35	11442.06	38339.29	23.0	77.0
2006 年	40422.73	9991.40	30431.33	24.7	75.3
2005 年	33930.28	8775.97	25154.31	25.9	74.1
2004 年	28486.89	7894.08	20592.81	27.7	72.3
2003 年	24649.95	7420.10	17229.85	30.1	69.9
2002 年	22053.15	6771.70	15281.45	30.7	69.3
2001 年	18902.58	5768.02	13134.56	30.5	69.5
2000 年	15886.50	5519.85	10366.65	34.7	65.3
1999 年	13187.67	4152.33	9035.34	31.5	68.5
1998 年	10798.18	3125.60	7672.58	28.9	71.1
1997 年	9233.56	2532.50	6701.06	27.4	72.6
1996 年	7937.55	2151.27	5786.28	27.1	72.9
1995 年	6823.72	1995.39	4828.33	29.2	70.8

一、关于中央与地方权力配置的法律不健全，权力设定模糊

中央与地方政府间权力配置合理与否，关系到国家的改革、发展、稳定与治理的全局。虽然我国立法水平和立法质量取得了长足的进步，但是，中央与地

① 根据国家统计局网站年度统计数据整理，国家数据(http://data.stats.gov.cn/easyquery.htm?cn=C01)，访问日期为 2015 年 11 月 2 日。

方政府在权力配置上存在明显不足，事权和支出责任界定不明晰。对各级政府的事权划分，我国宪法和有关法律法规只作了原则性规定，执行中存在较多的交叉事项和模糊之处。如宪法和组织法中关于中央与地方政府间的权限部分多有交叉、重合，甚至模糊不清，对于地方政府权限所作的列举性规定模糊粗糙，容易导致中央与地方政府产生权限争议。同时，在实践中难以找出明确具体的法律依据来规范地方政府的权限范围，也没有与之对应的法律责任去约束地方政府的行为。由此，央地之间的权限冲突及其关系紧张的问题在所难免。[①]权力监督泛化不明确，不仅监督主体、权限、内容和程序不明确，而且已有的监督机制也缺乏约束力，始终难以发挥自己应有的作用。

二、中央与地方的事权财权配置不科学，存在很多问题

一是事权配置同构。我国各级政权事权配置的同构化特点表现在：地方政府在机构设置上与中央保持着上下对应、左右对齐，事权也基本与中央对等，几乎是中央的翻版。其结果是导致央地政府之间事权模糊，地方政府与中央政府共同承担的交叉事务较多，主要表现在义务教育、社会保障、公共卫生等方面。中央或是以给予地方补助，或是以支出资金需要地方配套的形式，与地方共同承担支出责任，而中央支出的部分往往都在项目支出总额中占比较低。中央与地方的宏观调控职能和微观管理职能重叠，造成管理资源浪费。楼继伟在《中国政府间财政关系再思考》一书中坦承，我国政府间事权与支出责任划分、收入安排、转移支付等领域仍存在不容忽视的问题。他提出："目前用来形容中国财政现状的有两句话，一句叫'上下一般粗'，指的是五级政府的事权和支出责任职责重叠，大量事项由中央和地方共同承担。另一句叫'上面千根线，基层一根针'，是指上面出政策，下面对口执行，任务最终都压到基层政府，形成'财权层层上收，事权层层下移'的局面。"[②]

二是财权配置不规范。由于中央与地方政府财权配置主要依据《关于实行分税制财政管理体制的决定》，因此，其有关财权的内容可操作性不强，各级政府间财权的随意性增大。在财政总收入中，地方财政偏紧，中央财政收入增多。

---

① 参见余然：《我国中央与地方政府间权力配置欠缺及其法治完善》，载《法制与社会》2015年第6期。

② 冯禹丁、张玉洁：《多位学者：财税改革将是三中全会后"顶层设计"内容》，载2013年8月15日《南方周末》。

而财力层层向上集中时，公共服务、社会管理的责任和义务却逐级下放，地方政府承担了许多应当由中央政府承担的事务。比如，在优化经济结构和维护全国统一市场方面，虽然调控手段的决策权和调整权在中央，但地方承担了很多的支出责任。在地方经济发展总体规划中，往往可以发现其与全国性的总体规划有很多相通之处，但二者之间具体的责任划分并不明显。另外，关乎居民健康、社会福利和社会公平的医疗、养老保险、食品药品安全等方面的投入和监管，应由中央负责为主，但是目前则仍然较为混乱，呈现碎片化的管理状态。[①] 在此背景下，十八届三中全会提出，要明确划分中央与地方事权以及支出责任。这一规定能够在短期之内有效解决地方事权与财力严重不符的现实问题，也为我国央地关系未来逐步实现全面法治化提供了良好的契机。

由此可见，很多的改革难题最后都要回归到中央和地方的关系上，这是“牵一发而动全身”的关键点。目前在收入和支出上，中央和地方都存在一些不匹配的问题，必须从财税体系这个根子上进行调整，更好地优化中央和地方的财政关系，才能更好地推进整体改革。按照财政部部长楼继伟在其《中国政府间财政关系再思考》中的描述，我国政府间财政关系改革的方向应该是：在合理界定政府与市场边界的基础上，合理界定政府间事权和支出责任，侧重强化中央政府职能，弱化对地方政府的干预，适当调整政府间收入划分，健全统一规范透明的财政转移支付制度，进一步完善省以下财政体制，加强县级政府提供基本公共服务财力保障能力，改善财政宏观调控，推动经济结构优化，保持经济平稳较快发展，促进科学发展和社会和谐。

第三节　规范中央与地方财政关系的法治化路径

新中国成立以来，我国财政体制改革经历了多次变革，既有成功的经验，也有失败的教训，对经济社会发展产生了不同程度的影响。1994 年进行的分税制财政体制改革，使我国初步建立了适应社会主义市场经济发展要求的财税体制基本框架，对推进整个经济体制改革、促进经济持续快速健康发展起到了积极的作用。目前开启的新一轮财税体制改革，将从更深层次构建我国财税法律制度。

---

① 参见王世涛、汤喆峰：《宪法框架下中国财税体制改革的意义、重点与挑战》，载《财经法学》2015 年第 6 期。

一、从两级治理出发，完善中央与地方财政体制

从国家治理来观察，深化财政体制改革要完善两级治理架构。目前，我国有五级政府，但在国家治理架构上是两个层级，实行两级分权，即中央与地方；而地方是一个整体，省级、地市级、区县级、乡镇级之间的权限划分属于地方内部的事务性分权，在不同地方可以不同。财政体制改革分两个层次来进行：一是国家层面的财政体制要与国家治理架构相适应，二是地方层面的财政体制要与地方治理架构相匹配。[①] 国家层面的财政体制改革，即中央与地方之间的财政关系改革仍要坚持分税制，其基本框架依然适用于中央与地方之间行政性分权的要求，符合激励相容，有利于调动地方的积极性。地方层面的财政体制改革可以因地制宜，充分考虑人口、面积、发展水平、社会条件和自然生态状况，创造性推动地方治理能力的现代化与地方财政改革。

二、落实财政法定，以立法推动事权划分的改革

事权改革是现行财政体制改革的一个重点。完善不同层级政府特别是中央和地方政府事权法律制度，即"事权法定"原则。"事权法定"是形成合理行政秩序、市场秩序和社会秩序的基本前提，是推进国家治理体系和治理能力现代化的重要内容，本质上属于国家财税体制的基本内容。事权与支出责任相适应的制度属于基本的财政制度，应当在宪法中有所体现。要贯彻十八届四中全会所确定的"事权法定"原则，需要进一步完善宪法，在宪法中明确提出事权划分的基本原则，如事权法定、权责一致、国家统一与因地制宜结合、效率与公平相结合等原则，作为其他有关事权划分法律规定的宪法依据。

当前，我国层级政府事权划分的主要法律和政策依据有 2004 年全国人大常委会修改通过的《地方组织法》、1993 年《国务院关于实行分税制财政管理体制的决定》、1996 年《财政部关于完善省以下分税制财政管理体制意见的通知》、1997 年《国务院行政机构设置和编制管理条例》以及《地方各级人民政府机构设置和编制管理条例》等。政府职能的界定和事权的划分主要通过两种途径来实现。其中，全国人大常委会从法律角度对所有层级政府事权进行分割，国务院和财政部则从行政法规和部门规章的角度按照支出责任对中央政府和地方政

① 参见刘尚希：《不确定性：财政改革面临的挑战》，载《财政研究》2015 年第 12 期。

府、省以下地方政府间事权范围进行分解。从法律效力上讲,《地方组织法》是上位法,但仍存在层级政府事权“职责同构”以及上级政府向下转移事权问题。《国务院关于实行分税制财政管理体制的决定》《财政部关于完善省以下分税制财政管理体制意见的通知》等是下位法,更多具有政策性调整的特征。但由于政策的时效性和随意性同时又制约着政府事权划分和财力配置的制度化水平,导致现有体制下事权划分、支出责任与财力配置不一致等深层次矛盾不断加剧。[①] 从事权划分看,《国务院关于实行分税制财政管理体制的决定》大致划分了中央与地方政府的一级事权,国务院关于机构设置和编制的管理条例承担起各级政府二级事权划分的任务。例如,1997 年《国务院行政机构设置和编制管理条例》第 2 条规定:“国务院行政机构设置和编制应当适应国家政治、经济、社会发展的需要,遵循精简、统一、高效的原则。”第 4 条规定:“国务院行政机构的设置以职能的科学配置为基础,做到职能明确、分工合理、机构精简,有利于提高行政效能。国务院根据国民经济和社会发展的需要,适应社会主义市场经济体制的要求,适时调整国务院行政机构;但是,在一届政府任期内,国务院组成部门应当保持相对稳定。”《地方各级人民政府机构设置和编制管理条例》也有类似规定。最终,我国形成了中央和地方各级政府在机构设置上同构、在事权上共担的框架结构。但从财政法治建设的角度观察,上述体制已经无法满足深化财税体制改革的要求。在“中央决策、地方执行”的模式下,容易造成中央和地方的各级政府在机构设置上的同构现象。中央所具有的部门,地方上都要设置对应的部门,否则就会给具体政策的运作带来很大的麻烦。一旦出现问题,经常会出现中央和地方互相推诿的情况。[②] 因此,对于如何形成中央与地方责权的合理划分,如何推进各级政府事权规范化、法律化,相应的改革思路应该作出调整。在关注中央和地方责权划分最终结果的同时,需要将更多的注意力转到规则和过程上来。

三、建立事权与支出责任相适应的制度

中央与地方的事权划分,改革基本方向应当是将决策权与执行权在中央、地方之间进行调整。在“中央决策、地方执行”的基本框架下,部分决策权下移,尤其是一些行政审批可以交给地方,以扩大地方决策的自主权;地方的部分执

① 参见靳继东:《政府间事权与财力匹配改革的法治思路》,载《税务研究》2015 年第 7 期。

② 参见宣晓伟:《推进中央和地方事权划分的法治化》,载《中国党政干部论坛》2015 年第 10 期。

行权上移,由中央来直接履行,减少地方过多的执行事项,从而减少地方支出责任。在地方内部,即省以下政府之间也应进行同样的事权改革,分门别类,因地制宜,有利于地方治理中实现财力与事权的匹配。

中央与地方关系属于国家权力纵向划分的范畴,对国家政治稳定、经济社会发展以及公民权利保障均有重要影响。事权及支出责任是中央与地方关系的重要构成部分,在事权划分与相应支出责任的确定方面,重点在于通过法律制度形成明确、稳定和适度分权的央地关系。宪法体制下,中央与地方的关系应当满足形式与内容等两个方面的要求。一是在形式上以法律形式加以固定,央地关系必须具备充分的明确性和稳定性。一方面,法律规范自身的明确性和稳定性明显优于其他途径;另一方面,央地关系法制化是现代法治国家理念的基本要求。二是在内容上要寻求中央与地方在权力配置上的最佳平衡点。①

本轮财税改革虽然不可能覆盖央地关系的全部范围,但却可以为中央与地方权力的平衡寻求到适宜的突破口,即首先要明确中央地方各自的事权,属于地方权限范围的事务中央不得任意越权干涉。其次要确保地方具备行使事权的充足财力。从制度逻辑上说,央地关系改革须由全国人大制定央地分权的统一的法律规范。

四、建立事权与支出责任划分的动态调整机制

事权与支出责任一旦划分确定,将成为各级政府履行职能的依据。鉴于我国目前处于转型经济时期,对经济生活领域的调整处于多变时期,政治体制改革也在伊始阶段,机构改革随着认识的深入而不断调整,如果每次变化均要启动修法程序,将大大增加立法成本。因此,在现阶段,我国对事权与支出责任的确定不宜过于绝对和追求详尽,有必要确立动态调整机制。②

第四节　“省直管县”财政体制改革

省直管县财政管理体制是指在现行行政管理和法律框架内,在财政管理上,省直接管理市和县;在事权和收入划分、支出责任以及转移支付、财政结算

① 参见武国琼:《论我国现行财税体制中存在的问题及深化改革策略》,载《改革与战略》2015年第11期。

② 参见徐阳光:《论建立事权与支出责任相适应的法律制度》,载《清华法学》2014年第5期。

和资金调度等方面，省级财政直接对市级和县级财政。改革的远景是逐渐形成扁平化后的中央、省、市县三级架构，并合理明确地设定与各级政府事权相对应的财权、税基，建立并完善自上而下的财力差异调控机制。

我国现在的五级政府架构对事权的划分造成一定的难度，也是进一步规范完善财政体制的重要制约因素。一方面，地方政府的层级太多，造成机构臃肿和权力配置不合理，行政效率低下；另一方面，层级过多，职责难以明确，容易导致事权财权难以协调。事实上，县市两级地方政府财政职能比较相近，仅是辖区范围有所差别，体现不出财政体系的层级差异性。可以尝试建构三级政府，即中央—省—县三级模式。

一、关于省直管县模式的论争

1992 年，我国开始推行省直管县改革。2005 年 6 月，温家宝总理在农村税费改革工作会议上指出："具备条件的地方，可以推进'省直管县'和'乡财乡用县管'的改革试点。"2009 年 6 月，财政部印发《关于推进省直接管理县财政改革的意见》，明确提出到 2012 年年底前，力争全国除民族自治地区外全面推进省直管县财政改革；民族自治地区按照有关法律法规，加强对基层财政的扶持和指导，促进经济社会发展。2010 年，中央一号文件《中共中央国务院关于加大统筹城乡发展力度　进一步夯实农业农村发展基础的若干意见》明确提出，要继续推进省直管县财政管理体制改革，继续推进扩权强县改革试点。十八届三中全会审议通过的《中共中央关于全面深化改革若干重大问题的决定》也提出了省直管县问题："统筹党政群机构改革，理顺部门职责关系。积极稳妥实施大部门制。优化行政区划设置，有条件的地方探索推进省直接管理县（市）体制改革。"

但是，对于省以下财政管理体制改革的走向一直有较大的争议。其中支持的一方认为，在现行的税制和地方四级行政的架构下，如果固守一级财权一级事权的思维，那么即便在形式上的分税制也将成为一个无解的难题，因此应当力求实现省以下财政层级扁平化。主要做法是在省以下的四级政府间通过乡财县管和省直管县的方式，实现实质意义上的分税制。按照这个思路，省级以下的财政管理体制就构建为两级层次。此种保持现有地方行政层级框架不动，通过将财政管理权从原有的行政与财政管理权高度复合型的行政体制中剥离出来的做法被中央决策层所采纳，即为现行的省管县体制改革试点。而另一种观点认为，分税制改革所体现的财政分权是一个具有探索性的过程。1994年以来，分税制的基本框架只应适用于中央和地方之间，对于省级以下财政体制的调整，应当允许各个省因地制宜，实行更加适合当地的体制，即在省以下的地方不应过分追求财权与事权相结合形式下的分税制。同时，按照目前的层级财政体制，每一级财政都是只关注本级的财政状况，因此财政层级多少与彻底解决基层财政困难不具有终极作用。如果现行体制不变，上级财政随时能够有权上收财权和下放事权，即便是财政层级缩减到两个层次也解决不了问题。为此，有学者提出应建立辖区财政责任体制的思路，即每一级财政都负有对辖区范围内各级财政平衡的责任，这样在辖区内的财力和事权匹配好了，基层财政就解决了。①

省直管县财政体制改革自推行以来也一直备受国内学术界的关注和争议。例如，贾康、白景明指出，由于我国政府级次过多，大大降低了在分税制框架下将税种在各级政府之间进行重新划分和调整的可行性，通过财权重新划分实现县乡财政解困的政策空间非常有限，而推行省直管县财政体制改革有助于提高财政资金使用效率、降低行政成本，进而更好地实现县乡财政解困。② 王小龙则认为，减少财政级次虽然在一定程度上有助于县乡财政解困，但会扭曲政府改革的总体目标，带来的社会成本过高，因而主张通过横向政府合并来破解县乡财政困境。③ 贾俊雪等基于我国县级面板数据的实证研究发现，省直管县财政体制改革在促进县乡财政解困方面并没有取得明显成效，县乡财政解困的根本还在于优化财政收支责任安排。④

从全国推行的试点看省直管县的改革还是成效显著的，仍然有探索和深化的意义。随着省级财政压力的增加以及市级财力和权限的削弱，地方财政体制与行政管理体制不匹配，深入推进省直管县财政体制改革应当本着建立层级少、幅度大的扁平化组织结构的基本方向，努力改变现有财政层级，提高地方财政体制运行效率。

---

① 参见贾小雷：《构建省以下政府间合理财政关系问题研究——兼论"省管县"体制向常态化发展的可能性及路径》，载《太平洋学报》2011年第7期。

② 参见贾康、白景明：《县乡财政解困与财政体制创新》，载《经济研究》2002年第2期。

③ 参见王小龙：《县乡财政解困和政府改革：目标兼容与路径设计》，载《财贸经济》2006年第7期。

④ 参见贾俊雪、郭庆旺、宁静：《财政分权、政府治理结构与县级财政解困》，载《管理世界》2011年第1期。

二、省直管县改革的主要举措

从目前的改革措施分析，省直管县改革的内容主要涉及省市县财政关系、社会经济管理权下放和县级主要领导管理等几个方面。[①]

第一，财政体制改革。实行财政省直管县改革就是在政府间收支划分、转移支付、资金往来、预决算、年终结算等方面实现省财政与市、县财政直接联系，市和县在财政上相互独立。改革的具体内容包括：(1)市、县统一按照省级财政部门的有关要求，各自编制本级财政收支预算和年终决算；(2)由省直接确定和划分市、县各自的收入和支出范围，市、县不得要求对方分担应属自身事权范围内的支出责任；(3)转移支付、税收返还、所得税返还等由省直接核定并补助到市、县；专项拨款补助由各市、县直接向省级财政等有关部门申请，由省级财政部门直接下达市、县；(4)在省与市、县之间直接建立财政资金往来关系，省级财政直接确定各市、县的资金留解比例，市、县金库按规定直接向省级金库报解财政库款。

第二，事权下放。省直管县改革在行政方面采取的举措主要是下放经济、社会事务管理权限。下放的事权涉及规划管理、市场监督、国土资源、水利环保、发展计划、经济贸易、旅游交通、劳动人事、社会管理等诸多方面。

虽然省直管县改革试点取得了一定的成效，但也面临着巨大的挑战。在各地的试点中，由于省直管县财政体制改革涉及众多区域和部门利益，虽然省级财政将部分事权下放到县，但是大部分事权和人事管理权仍保留在市级政府，这无疑会造成市与县摩擦的升级。管人与管事脱节、权力与责任不对称是普遍存在的问题。而且，省直管县改革遇到的最突出的问题就是现有体制的制约。主要表现在：一是与垂直管理体制不协调。在我国现行的体制下，许多垂直部门如土地、金融、工商、税务等，对区域经济发展具有举足轻重的作用，但它们的权限并不在省政府的权限范围内。因此，省政府在下放事权时，一旦涉及这些部门的职权就无能为力，权力配置经常出现脱节现象。二是行政责任主体不明。目前，凡是涉及行政许可和行政处罚的权限基本上都是通过委托的形式下放的。然而，从法理上讲，被委托机关并不是责任主体，这就造成了权责不一致的现象。

---

① 参见潘小娟：《关于推行“省直管县”改革的调查和思考》，载《政治学研究》2012 年第 1 期。

三、省直管县改革应纳入财税体制改革和行政体制改革的总体框架

省直管县改革是对利益格局的重大调整、对权力的重新分配,其复杂性和艰巨性决定了改革必然是一个渐进的过程。首先,省直管县改革只能采取积极稳妥的措施,有计划、分步骤地适时推进。必须从国家整体发展战略和各地的现实出发,充分论证,合理设计,渐次推进。同时要清醒认识和充分估计省直管县改革可能遇到的问题和困难,把握好原则性和灵活性的统一,做好应对不同问题的准备,以便遇到政策风险时能及时调整政策方向。其次,省直管县改革必须因地制宜,要综合考虑各地的实际情况,在明确地区差异的前提下区别对待,分类指导,稳步推进。最后,改革要以事权的划分为基础。导致行政效率低下的根本原因在于地方各级政府的事权没有得到合理的划分,职权不清,职责交叉。必须合理划分地方各级政府的事权,进而配备相应的职权,这是一个渐进的过程,必须随着条件和时机的成熟逐步推进。

省直管县财政体制改革是1994年分税制改革以来,我国省以下财政体制的一次探索性实践创新,但迄今为止,对其成效与评价仍然需要进一步的实证研究。谢旭人在《中国财政改革三十年》中提出,省直管县财政体制改革促进了县乡财政解困,但改革的目标并非简单定位于短期内的财政解困,而是致力于增强县市自主发展能力,促进县域经济持续快速增长,在增长中实现财政解困。这就意味着,在评价省直管县财政体制改革成效时,绝不能忽视其对县域经济增长的影响。省直管县财政体制改革是我国省以下财政体制的一次探索性实践创新,但从目前来看,仍未从根本上改变1994年分税制改革以来所形成的财力层层集中、事权逐级下放的省以下财政收支责任安排的总体格局。[①] 另外,20世纪90年代中期以来,我国在县级政府层面上实施了以“撤乡并镇”为主要措施的政府机构改革。这些措施势必会对省直管县财政体制改革成效产生重要影响,因而我们并不能单纯、孤立地看待省直管县财政体制改革,应将其纳入财税体制改革和行政体制改革的总体框架内加以综合考察。

总之,政府间事权划分是我国财税体制改革的重要领域和关键环节,也是确定中央、省、市、县等不同层级政府支出责任和财力配置的根本依据和前置条

① 参见贾俊雪、郭庆旺、宁静:《财政分权、政府治理结构与县级财政解困》,载《管理世界》2011年第1期。

件。[1] 在明晰事权划分基础上建立政府间事权与财力相匹配的财税体制和制度,有助于明确政府与市场的基本分工,科学界定各层级政府职能,规范中央和地方政府的职能行为,对于实现国家治理体系和治理能力现代化具有重要意义。在改革实践中,必须根据政府间的事权、支出责任、财权和财力所具有的动态性改革、适应性调整、政策性依赖等特点,将法治思维和理念贯穿于政府间财权事权改革的全过程和各环节,经试点检验成熟的政府间事权和支出责任政策性调整以及运行稳定成熟的政治决策方式和行政性机制,都应通过法律制度最终予以规范和固化。

① 参见靳继东:《政府间事权与财力匹配改革的法治思路》,载《税务研究》2015 年第 7 期。

第六章

实现基本公共服务均等化 推进新型城镇化发展

党的十八届三中全会作出的《中共中央关于全面深化改革若干重大问题的决定》提出，要“坚持走中国特色新型城镇化道路，推进以人为核心的城镇化”。新型城镇化的实质是人的城镇化，是要让更多的农业转移人口顺利融入城镇社会，享受与城镇居民同等的基本权利和服务，让越来越多的人共享城镇文明发展的成果。目前，我国的城镇化率已经超过50％，但仍有相当一部分农业转移人口未能享受到与城市户籍人口同样的基本公共服务。2014年3月颁布的《国家新型城镇化规划(2014～2020)》提出，在我国未来的城镇化建设中，城市发展要从城市面积的扩大、城市人口的增加，转变为城市的可持续发展，要从外源型增长向内涵式发展转变。未来几年内新型城镇化目标是要实现城镇基本公共服务全覆盖，需要进行财税制度创新，才能真正实现新型城镇化战略任务。

第一节　实现基本公共服务均等化是新型城镇化的重要内涵

一、基本公共服务概述与均等化指标体系

基本公共服务是民众生存与生活必不可少的条件，主要包括教育、就业、养老、医疗、保障性住房等基本公共服务与社会保障，以及水、电、路、气、信息网络、公共绿地等基本的公共设施。新型城镇化中，实现基本公共服务均等化是一个渐进的过程，要在基本公共服务领域尽可能使进城务工的农业转移人口及其家庭成员享有城市居民同样的权利，享受水平大致相当的基本公共服务。因

此,在目前的政治经济社会条件下,均等化并不是强调包括农业转移人口在内的所有居民享有完全一致的基本公共服务,而是在承认公共服务供给存在差别的前提下,把农业转移人口纳入城市公共服务体系,保障其享有一定标准之上的城市基本公共服务,而且这个标准应当随着社会进步得到稳步提升与优化。农业转移人口公共福利的改善应当与城市居民的改善保持同步。

公共服务均等化的理论来源包括福利经济学、公共经济学和财政学等学科。早期福利经济学代表庇古提出了社会与收入水平及收入均等程度相关的社会福利函数理论。斯蒂格利茨和阿特金森提出,帕累托效率不保证竞争过程导致的分配与广为接受的公平概念相一致,政府有必要介入其中。萨缪尔森在《公共支出的纯理论》中也从"公共产品"的角度对公共服务均等化提出了一些看法,如"分散的价格机制无法确定集体消费的最优水平",得出市场对于公共产品的供给难以满足所有人的结论。罗尔斯从平等自由原则和机会平等原则出发,以正义理论探讨了基本公共服务均等化的原则,即补偿、互惠和博爱原则。[①] 国内对公共服务均等化的研究起步较晚,我国基本公共服务均等化发展的概念是 20 世纪 90 年代后期出现的。1995 年,胡鞍钢在《中国地区差距报告》中首次提出"基本公共服务均等化"思想,为党和政府的政策制定提供了参考。[②] 之后,这一思想在理论与实践中逐步发展和丰富,至 2012 年《国家基本公共服务体系"十二五"规划》才明确了基本公共服务在国家社会发展中的核心地位。该规划指出,基本公共服务范围一般包括保障基本民生需求的教育、就业、社会保障、医疗卫生、计划生育、住房保障、文化体育等领域的公共服务,广义上还包括与人民生活环境紧密关联的交通、通信、公用设施、环境保护等领域的公共服务,以及保障安全需要的公共安全、消费安全和国防安全等领域的公共服务。这是我国基本公共服务体系的基础组成部分。

实现城乡基本公共服务均等化发展的理念在近年来逐渐得到我国政府的重视。党的十六大报告提出了城乡协调发展的重大方针,要求以城乡统筹的发展形式,在农村经济、现代农业、农民收入方面实现发展和突破,全面完成小康社会建设。十六届三中全会完整提出了"五个统筹"的论述,将统筹城乡发展明

---

① 参见步安、许德友:《广东新型城镇化中的公共服务均等化:思路、政策与启示》,载《中共珠海市委党校珠海市行政学院学报》2015 年第 3 期。

② 参见陈遐:《城镇基本公共服务覆盖常住人口的财政保障研究》,华中师范大学硕士学位论文,2014 年。

确纳入科学发展观，表明城乡协调发展的重要地位。十六届六中全会则明确提出要健全公共财政体制，调整财政支出结构，把更多的财政资金投向公共服务领域；各级政府要把基础设施建设和社会事业发展的重点转向农村，逐步实现公共服务均等化。十七届三中全会明确提出我国已具备以城带乡、以工促农的转型条件，要逐步化解城乡二元结构。"十二五"规划纲要指出，要推进均等化进程以改善和保障民生，并在规划中将基本公共服务体系进行单列，着重加以阐述。《国家基本公共服务体系"十二五"规划》进一步指出，要把基本公共服务制度作为公共产品向全体社会成员提供，使人民共享改革发展成果。十八届三中全会更是进一步强调，要稳步推进城镇基本公共服务常住人口全覆盖，把进城落户农民完全纳入城镇住房和社会保障体系，在农村参加的养老保险和医疗保险规范接入城镇社保体系，建立财政转移支付同农业转移人口市民化挂钩。可见，实现城乡基本公共服务均等化已成为推进新型城镇化发展、改善民生的核心工程。

2014 年 3 月颁布的《国家新型城镇化规划（2014～2020）》对新型城镇化的主要指标进行了预测和规划，这也是今后新型城镇化中公共服务的具体目标，明确和细化了公共服务应该达到的具体水平和标准（见表 6-1）。

表 6-1　　新型城镇化主要指标①

指标		2012 年	2020 年
城镇化水平	常住人口城镇化率（%）	52.6	60 左右
	户籍人口城镇化率（%）	35.3	45 左右
基本公共服务	农民工随迁子女接受义务教育比例（%）	—	≥99
	城镇失业人员、农民工、新成长劳动力免费基本职业技能培训覆盖率（%）	—	≥95
	城镇常住人口基本养老保险覆盖率（%）	66.9	≥90
	城镇常住人口基本医疗保险覆盖率（%）	95	98
	城镇常住人口保障性住房覆盖率（%）	12.5	≥23
基础设施	百万以上人口城市公共交通占机动化出行比例（%）	45*	60
	城市公共供水普及率（%）	81.7	90

① 参见张明珠：《新型城镇化下基本公共服务均等化探讨》，载《宏观经济管理》2016 年第 2 期。

续表

指标		2012 年	2020 年
基础设施	城市污水处理率(%)	87.3	95
	城市生活垃圾无害化处理率(%)	84.8	95
	城市家庭宽带接入能力(Mbps)	4	≥50
	城市社区综合服务设施覆盖率(%)	72.5	100

注:①带 * 为 2011 年的数据;②城镇常住人口基本养老保险覆盖率指标中,常住人口不含 16 周岁以下人员和在校学生;③城镇保障性住房包括公租房(含廉租房)、政策性商品住房和棚户区改造安置房。

二、改革开放以来我国公共服务体系建设取得的成效

近年来,我国不断加大公共财政支出,公共服务基础设施建设等方面大大增强。

第一,政府的公共服务职能不断得到强化。改革开放以后,城市区域的公共服务逐渐由企业转向各级政府承担,实现了城市公共服务供给主体的普适化。农村区域的公共服务也由政府取代了农村集体组织,改变了农村公共服务供给主体的不完备性,实现了农村公共服务供给的主体职责上移。

第二,城乡公共服务覆盖面不断扩大,公共服务内容日益丰富。改革开放以来,城乡公共服务的覆盖面不断扩大,由过去面向特定群体、带有显著的"门槛"色彩的"半公共服务",转向真正意义上的公共服务,惠及面更加广泛。尤其是农村公共服务覆盖面不断扩大,以医疗卫生公共服务为例,通过新型农村合作医疗和大病统筹等政策措施,我国农村地区基本医疗卫生公共服务的覆盖率超过 98%。[①] 在城乡公共服务覆盖面不断扩大的同时,公共服务的领域和内容也日益丰富,由传统的为生产服务转向更为全面、系统和广泛的为生产和生活服务,在城市范围内逐步形成了包括居民医疗、教育、文化、养老、就业、住房、交通等各领域在内的全方位公共服务体系,在农村范围内也逐步形成了包括农村医疗卫生、教育、文化、养老等在内的较为广泛的公共服务体系。

第三,城乡公共服务生产和供给效率不断提高。改革开放以来,各级政府

① 参见刘良:《复合型城乡关系的形成与公共服务一体化探析》,载《四川行政学院学报》2014 年第 4 期。

在城乡公共服务领域进行了较大幅度的改革，基本理顺了公共服务生产和供给的相关体制机制，有效地提高了城乡公共服务的生产和供给效率。如在义务教育领域，通过推行教育体制改革，大大提高了城乡义务教育资源的均衡发展。

第四，城乡公共服务的财政基础不断巩固，城乡公共服务的法律保障不断完善。改革开放以来，我国在城乡公共服务方面的财政投入不断增加。以2007～2014年为例，根据国家统计局的相关数据，每年地方财政支出中的一般公共服务支出、教育支出、社会保障支出和医疗卫生支出等，都在逐年增加（见表6-2）。与此同时，改革开放以来我国城乡公共服务的法律保障也不断完善。如在义务教育领域颁布了《教育法》和《义务教育法》，在公共就业服务领域颁布了《就业促进法》和《劳动合同法》，在公共卫生服务领域颁布了《传染病防治法》和《食品卫生法》，在养老保险、基本医疗保险等领域也相继颁布了国务院部门规章。[①] 一系列有关公共服务的法律法规的颁布、修订和完善，为城乡公共服务体系建设提供了法律保障。

表 6-2　　地方公共服务支出明细（亿元）（2007～2014 年）[②]

指标	2014 年	2013 年	2012 年	2011 年	2010 年	2009 年	2008 年	2007 年
一般预算支出	129215.49	119740.34	107188.34	92733.68	73884.43	61044.14	49248.49	38339.29
一般公共服务支出	12217.07	12753.67	11702.14	10084.77	8499.74	8080.00	7451.37	6354.07
教育支出	21788.09	20895.11	20140.64	15498.28	11829.06	9869.92	8518.58	6727.06
科学技术支出	2877.79	2715.31	2242.20	1885.88	1588.88	1310.70	1051.86	858.44
文化体育与传媒支出	2468.48	2339.94	2074.79	1704.64	1392.57	1238.32	955.13	771.43
社会保障和就业支出	15268.94	13849.72	11999.85	10606.92	8680.32	7851.85	6460.01	5104.53
医疗卫生支出	10086.56	8203.20	7170.82	6358.19	4730.62	3930.69	2710.26	1955.75

① 参见刘良：《复合型城乡关系的形成与公共服务一体化探析》，载《四川行政学院学报》2014 年第 4 期。

② 根据国家统计局网站年度统计数据整理，国家数据（http://data.stats.gov.cn/easyquery.htm?cn=C01），访问日期为 2015 年 11 月 2 日。

三、新型城镇化中基本公共服务的现状和问题

推进城乡均等化,形成全面覆盖的基本公共服务体系,是我国经济社会转型时期的重大战略,也是引导资源合理配置、维护社会公正的重要制度安排。在经济社会发展状况、生产生活需求、基本公共服务供应等方面,我国城乡一直存在着巨大差别。这里既有经济水平导致居民收入上的差距,也有政府提供社会保障、教育资源、医疗卫生、基础设施等方面的差异。2013 年,我国农村进城务工人员总量已达 26894 万人。从相关统计数据来看,仍然有相当一部分务工人员被排斥在基本公共服务之外。

从最低生活保障方面看,虽然近年农村低保平均标准和水平增长较快,但城乡差距仍然巨大。2015 年,城市低保平均标准是农村的 1.72 倍,平均支出水平则是农村的 2.21 倍(见表 6-3)。

表 6-3　我国城乡最低生活保障平均标准和平均支出水平(元/人/月)①

指标		2006	2007	2008	2009	2010	2011	2012	2013	2014	2015
最低生活保障平均标准	城市	169.60	182.40	205.30	227.80	251.20	287.60	330.10	373.30	411.00	438.90
	农村	70.90	70.00	82.30	100.80	117.00	143.20	172.30	188.70	231.40	255.40
	城乡比	2.39	2.61	2.49	2.26	2.15	2.01	1.92	1.97	1.77	1.72
最低生活保障平均支出水平	城市	83.60	102.70	143.70	172.00	189.00	240.30	239.10	240.00	256.00	287.80
	农村	34.50	38.80	50.40	68.00	74.00	106.10	104.00	111.40	125.30	130.50
	城乡比	2.42	2.65	2.85	2.53	2.55	2.26	2.30	2.15	2.04	2.21

从农村进城务工人员随迁子女的受教育情况来看,农业户口随迁子女辍学率达到 0.68%,毕业肄业率为 0.53%。10.60%的农业户口随迁子女只能在打工子弟学校或私立学校入学,即便进入公立学校,也有 16.47%的流动儿童被独立编班。跨省流动的农村进城务工人员随迁子女的肄业和辍学率更高,更有可能被排挤到打工子弟学校。

从其他社会保障方面看,2013 年,农民工在养老、工伤、医疗、失业、生育"五险"中的参保比例分别为 15.7%,28.5%,17.6%,9.1%,6.6%,获得住房补贴的比例为 8.2%,总体参保比例相较往年有所上升(住房补贴除外)。但是,"五险一金"在农村进城务工人员群体中的绝对覆盖率非常低,而且农村务工人员

---

① 参见张明珠:《新型城镇化下基本公共服务均等化探讨》,载《宏观经济管理》2016 年第 2 期。

的参保比例远低于城镇就业人员。[①] 尽管不少地方政府已经在改善流动人口的公共服务方面做出努力，但是这些局部进展不能代表实质性的改变。受限于地方政府的角色定位，发展理念以及区域、城乡、部门之间的壁垒，这些政策在执行过程中都大打折扣，农业转移人口市民化的进程仍然阻力重重。

地方政府的传统角色定位和发展理念在很大程度上限制了农业转移人口市民化的进程。一方面，地方政府是推动城镇化的服务主体，承担着为居民提供教育、住房、医疗、养老等公共服务的职责；另一方面，地方政府也是城镇化的主要利益主体，通过为招商引资创造条件和环境，包括直接和间接插手非公益用地征用以及城乡居民房屋拆迁来获得更快的 GDP 增长、更扩张的城镇建设、更多的财政收入和政绩。在不少地方，地方政府对后者的重视远远超过前者。过于重视城镇面积和城镇人口扩张、忽视基本公共服务供给的城镇化，使得基本公共服务供给水平不能满足城镇化的要求，降低了城镇化质量。尽管近些年中央在公共领域的财政支出比重逐渐加大，也在着力提升我国基本公共服务的供给能力，努力扩大基本公共服务的覆盖面，但是与快速推进的城镇化相比，我国基本公共服务水平仍稍显滞后。

第二节 城乡二元财税体制对新型城镇化的阻碍和影响

一、现行财税体制滞后于实现公共服务均等化的目标要求

对于我国财税体制与实现公共服务均等化的目标不相适应的问题，我国理论界有很多探讨。

霍晓英提出，当前我国基本公共服务提供既存在供给总量的问题，也存在均衡化的问题，更面临制度和体制的障碍。[②] 一是公共服务供给总量不足。公共服务供给的增加与中国城镇化的速度和规模相比，依然存在巨大短缺。中国社会科学院发布的 2013 年《公共服务蓝皮书》暨《中国城市基本公共服务满意度评价(2012～2013)》显示，2013 年，公共服务总体满意度为 58.71 分，2012 年公共服务满意度为 59.70 分，相较于 2011 年 54.03 分有明显提升，但公共服务

---

① 参见陈光金等：《新型城镇化与社会治理》，载《学术研究》2014 年第 12 期。

② 参见霍晓英：《论新型城镇化战略与城市公共服务供给的制度研究》，载《改革与战略》2014 年第 7 期。

总体满意度较低。目前,我国常住人口城镇化率为53.7%,户籍人口城镇化率只有36%左右。根据我国新型城镇化战略,到2020年,我国城市常住人口城镇化率将达到60%左右,户籍人口城镇化率达到45%左右,户籍人口城镇化率与常住人口城镇化率差距缩小2个百分点左右,届时将会增加1亿左右农业转移人口和其他常住人口在城镇落户。面对如此庞大的人口,城市公共服务供给面临的挑战十分巨大。二是城市公共服务均衡化亟待改进。我国的城镇化进程受到户籍制度、土地制度、社会保障制度等一系列体制机制的束缚,农业转移人口在教育、医疗卫生、养老等基本公共服务方面存在一定差别,城市公共服务供给均衡性受到影响。三是"城市病"问题日益突出使得新型城镇化战略面临考验。发达国家耗费了100多年才实现的城镇化,我们仅花了1/4时间,这其中出现的发展与环境的问题需要城市政府通过不断提升服务供给来予以化解。一些城市由于无序开发导致人口过度集聚,加之城市政府重经济轻环境,重建设轻服务,导致产生如交通拥堵问题、公共安全问题、城市污水和垃圾处理问题、环境污染问题等。上述问题的产生无不暴露出目前城市管理运行效率不高、公共服务供给能力不足的现状。

张立承提出公共服务均等化中存在的矛盾有三个方面①:一是农业转移人口的流动性与政府间财政体制的稳定性之间的矛盾,突出地表现在两个方面。其一,农业转移人口的跨区域流动与不同区域之间的财政体制协调。现阶段我国农业转移人口从农村流动到城市,并不是完全在某一个城市固定下来。我国地方财政体制纷繁复杂,如果构成财政体制的诸多要素,包括政府间收入分享的税种选择、不同税种的分成比例、转移支付的计算标准等有一个环节存在偏差,就可能出现一定程度的事权与财力不匹配,这是与财政体制改革背道而驰的。其二,农业转移人口流动的多重动机与财政体制的适应性调整之间的协调。农业转移人口流动动机有很多,这些因素中任何一个因素都可能导致人员流动。与之不同的是,后台复杂的财政体制分配如何在农业转移人口的流动性与政府间财政体制的稳定规则之间进行协调是个难题。二是农业转移人口的流动性与公共服务的供给刚性之间的矛盾。二元社会经济结构使我国城乡之间主要公共服务的供给体系处于人为割裂状态,城市公共服务供给体系建设基本没有考虑到流动人口的需要。要为流动人口提供与城市居民等量、同质的公

① 参见张立承:《以农民工基本公共服务均等化为导向的财政体制改革》,载《经济研究参考》2013年13期。

共服务，就需要对原有城市公共服务体系进行改造扩容以及必要的结构优化。然而，诸多种类的公共服务需要有规划、建设周期，建好后也需要政府大量投入加以维护。这就是公共服务的供给刚性。当出现农业转移人口群体性流出后，如何处理城市公共服务体系为农业转移人口扩容后留下的支出刚性，这是财政体制对支出存量调整过程中出现的问题。三是财政体制改革“保存量、调增量”的逻辑与农业转移人口基本公共服务均等化的迫切任务之间的矛盾。我国的改革是渐近式的，改革所涉及的各个领域都有自身的改革逻辑，财政体制改革也不例外。“保存量、调增量”就是财政体制改革的基本逻辑。“保存量”是指上一轮财政体制所形成的利益分配关系在新一轮财政体制中在绝对数量方面给予保障，以免引起社会动荡。“调增量”是指新体制较老体制最后一年增加的财力按照新体制的分配办法划分。当增量越来越大甚至超过存量若干倍后，原有财政体制中存量概念形成的分配格局已经显得微不足道，整个财政支出结构已经以庞大的增量分配为主，由此体现新一轮体制调整的政策意图。由此产生的问题是：对财政体制进行有利于农业转移人口基本公共服务均等化方向调整，是一个靠“增量调整”实现的“慢热过程”，这同我国城市化快速发展不协调，并不能在短期内很好地实现农业转移人口更好地参与城市化进程、分享城市化成果的劳动力转移政策目标。

陈遐提出：我国城镇基本公共服务覆盖常住人口面临的财政困境有几个方面[①]：一是当前我国推进城镇基本公共服务覆盖常住人口面临的是城镇常住人口数量不断扩大、基本公共服务的需求强烈，与我国城镇财政对基本公共服务的供给能力不足之间的突出矛盾。要使城镇基本公共服务能够覆盖到整个常住人口，需要庞大的政府财政资金的支持。对于一些经济不算发达的城镇来说，巨额的保障资金让财政更加难以支撑。二是财政制度不统一，财权和事权的分配失衡。我国长期实行城乡分割的“二元化”模式，造成城乡之间、富裕地区和相对落后地区之间在基本公共服务供给方面存在着很大差异。差别化的财政制度是推进城镇基本公共服务覆盖常住人口的主要障碍。自 1994 年分税制改革实施以来，财权和事权分配不合理，地方政府拥有的有限财政收入与其需要承担的城镇基本公共服务供给任务存在着很大的不对等。目前，中央以立法形式出台各项支持民生发展的宏观政策，但是由于地方政府收入有限，并不

① 参见陈遐：《城镇基本公共服务覆盖常住人口的财政保障研究》，华中师范大学硕士学位论文，2014 年。

能保证本地区城镇常住人口能够获得充分的基本公共服务。而且随着城镇常住人口数量增加,基本公共服务的需求逐渐扩大,政府需要更多的资金来进行供给。但事实上,地方政府的财政收入却没有得到相应地增加,新增的支持民生发展任务得不到财政的有效保障,在很大程度上影响了地方政府为城镇常住人口提供基本公共服务的数量和质量。三是财政支出结构不合理。根据国家职能的划分标准来看,我国财政支出主要有用于政府基本行政管理的费用、国防费用、经济建设费用以及用于民生方面的科教文卫社保费用。在这些基本的支出当中,政府用于行政管理的费用占最大比例,经济建设费用排名第二,国防第三,排名最后的是与人民群众切身相关的民生费用,如社会保障、文化教育、卫生医疗等等,这是一个极其不合理的现象。虽然随着民生理念的普及和国家政策的调整,我国财政中的民生性支出不断加大,但是至今我国民生性财政支出比例仍然过低,尤其是常住人口最为关心的几项支出如教育、医疗、社保、住房等。因此,要不断提高在基本公共服务方面的财政支出比重,合理分配民生支出项目资金。四是财政转移支付制度实现基本公共服务全面覆盖的功能缺失。我国财政转移支付体制主要包括中央政府对于特定项目进行的专项转移支付和中央政府对地方政府的一般性转移支付。因为该制度在制定时存在着很多限定性因素,因此导致中央政府的专项转移支付体制存在部分缺陷。主要表现在中央财政转移支付占全部转移支付的比例过高,涵盖地方政府职能的各个领域,缺乏针对性,有时由于中央政府缺乏对地方实际情况的了解而导致相关政策与当地人民群众对于基本公共服务的实际需求相脱节,专项财政转移支出资金并没有得到高效运用,影响我国基本公共服务供给水平的提高。五是公众参与力度不够,财政监督机制不健全。社会对于城镇基本公共服务财政支出缺乏可靠的监督途径。政府有必要提高信息的透明度和公众的参与程度,强化公众对其提供公共服务质量的监督,同时建立城镇基本公共服务供给的考核目标,以便公众对政府提供城镇基本公共服务的水平进行评价。

二、实现基本公共服务均等化要求改革财税体制

实现城镇基本公共服务常住人口全覆盖是一项复杂而艰巨的工程,需要从多个方面系统推进。英国公共服务学者菲利普·海恩斯在谈到公共服务的复杂性时指出:“人们之间的相互交往使得公共服务成为一个比其他任何组织都

复杂的系统。”[①]公共服务具有显著的系统化特征，是由一系列体制、机制和制度构成的复杂系统。基本公共服务均等化是提升城镇化质量的重要内涵，建立均等化导向的财税体制则是实现这一目标的制度基础。实现基本公共服务均等化的关键环节，一是要改革基本公共服务的准入规则，不再以户籍或身份作为区别对待的标识；二是建立稳定增长的财力保障机制，财力向基本公共服务和民生领域倾斜。前者有赖于中央的顶层设计和统筹安排，而后者则需要合理划分中央及各级政府的支出责任，需要对财政体制进行必要的调整，通过科学的体制机制设计，确保农业转移人口的公共福利在政府间财政关系中以制度形式加以确认和巩固。

目前，我国财税体制需要进行新一轮改革，才能适应基本公共服务均等化的要求。

首先，基本公共服务是公共服务中公共属性最强的部分，只能由政府通过财政以公共福利的方式提供全社会。但在我国计划经济时期，我国财政体制是典型的生产建设型财政，并带有强烈的城乡二元结构色彩。财税体制整体只专注于生产建设，而不是整个公共服务领域；它所提供的财税待遇有薄有厚，而不是一视同仁；它的覆盖范围是有选择的，而不是全面的。这一现象的产生，究其原因是当时特定历史条件下的必然选择。[②] 改革开放以后，国家逐步放松了对于要素流动的限制，引发了农村劳动力大规模流入城镇的新移民潮。1998 年，我国首次提出了公共财政概念，10 余年的公共财政改革，特别是公共支出改革所反映出的就是公共服务回归财政的演进轨迹。如农村义务教育经费保障机制中以县为主、省级统筹的免费义务教育，新医改中的人均公共卫生经费、国家计划免疫范围不断扩大，新型农村合作医疗制度全覆盖，新型农村养老保险逐步扩大覆盖面等，都说明财政的支出重点逐步转向了惠及民生的基本公共服务，但仍然有很多问题需要加以解决。

其次，现行财税法律制度静态化的结构缺陷，难以解决农村人口转移与流动等问题。我国的政府间财政关系，从历史上的财政包干制到现行的分税制财政体制，“无论是收入和支出责任的划分，还是转移支付制度的设计，都是以假

---

① [英]菲利普·海恩斯：《公共服务管理的复杂性》，孙健译，清华大学出版社 2008 年版，第 183 页。

② 参见高培勇：《公共财政：概念界说与演变脉络》，载《经济研究》2008 年第 12 期。

定人口不流动为前提的，以辖区的户籍人口为基础”[①]。改革开放以来，城乡人员流动趋势持续增强，并深刻地改变了传统城乡治理的格局。与此同时，传统城乡公共服务体系在制度设计上的空间分离特性并未随着城乡人员交流的增强而彻底改变。[②] 动态的人口流动与静态的财税体制成为推进城镇化中的突出矛盾。这种传统的财税体制框架为各地公共服务的供给带来了难题。在城镇建设过程中，如果不能充分考虑农村人口迁移及跨城镇流动人口的需求，仅局限于城镇户籍人口的管理与服务，城镇运转就会陷入拥挤混乱和无序的状态。而且，以户籍为基础的财税政策和制度设计存在“碎片化”现象，不适应人口流动的需要，阻碍了农业转移人口市民化进程。

再次，新型城镇化的推进，带来中央和省、市、县各级地方政府原有责任的调整，尤其是城镇建设和人员流动带来的政府承担公共服务供给责任的变化，加深了我国财税体制固有的矛盾，如财力与事权不匹配等问题。最为突出的就是在现行税收管理体制下，地方缺乏主体税种，没有独立税源支持城镇建设和公共服务，有限的收入难以满足城镇建设和公共服务的资金需求。推进城市基础设施建设和基本公共服务供给均等化发展需要有雄厚的财力支持。一是城市建设需要巨额资金，二是城市的公共财政等成本大幅度增加。据中国社会科学院研究，目前我国农业转移人口市民化的人均公共成本，即政府为保障农业转移人口市民化，而在公共服务、社会保障、基础设施扩建等方面增加的财政支出为：“测算结果表明，目前中国农业转移人口市民化的人均公共成本约为 13 万元，其中东、中、西部地区分别为 17.6 万元、10.4 万元和 10.6 万元。”[③]2030 年前还有将近 4 亿农民要逐步实现市民化。很显然，这样庞大数量的资金需求，仅靠目前的地方财力是难以承受的。因此，必须进行财税体制改革，理顺中央与地方各级政府的事权责任体系，提高地方政府提供公共服务的动力和能力。这是财税体制亟须解决的现实问题。同时，在城镇化的背景下，各级政府之间的公共服务供给责任的配置必须以人口的自由流动为基础，以动态的而不是静态的思维追求基本公共服务的均等化和一体化。在各级政府的财权与事

① 高培勇：《由适应市场经济体制到匹配国家治理体系：关于新一轮财税体制改革基本取向的讨论》，载《财贸经济》2014 年第 3 期。

② 参见刘良：《复合型城乡关系的形成与公共服务一体化探析》，载《四川行政学院学报》2014 年第 4 期。

③ 中国社会科学院城市发展与环境研究所：《农民转为市民人均成本约 13 万》，载 2013 年 7 月 31 日《新京报》。

权之间建立起动态匹配的协调机制，才能更好地适应人口流动性和新型城镇化的要求。

最后，我国长期存在城乡二元经济结构，由此导致基本公共服务也存在城乡两个供给标准，农村比城市整体水平明显偏低。如果将农业转移人口完全纳入城市公共服务体系，必然需要政府增加公共支出。改革开放以后，我国城乡公共服务的供给总量均有所提升，供给质量也有一定程度的提高，但城乡公共服务的生产和供给标准之间的差距却依然十分显著。以2012年人均卫生费用和基本卫生服务指标为例，根据《中国统计年鉴(2013)》的数据，我国城市人均卫生费用为2969.01元，农村人均卫生费用为1055.89元，前者是后者的2.81倍；城市每千人卫生技术人员数为8.55人，农村每千人卫生技术人员数为3.41人，前者是后者的2.51倍；城市每千人医疗卫生机构床位数为6.88张，农村每千人医疗卫生机构床位数为3.11张，前者是后者的2.21倍。[①] 要想减少和消除这种差距，需要调整我国财政支出结构，建立与经济发展和政府财力增长相适应的基本公共服务财政支出增长机制，加大对于民生的投入和扶持力度，消除城乡差别。

第三节　改革财税体制　努力实现基本公共服务均等化

党的十八届三中全会报告指出，城乡二元结构是制约城乡发展一体化的主要障碍，必须健全体制机制，形成以工促农、以城带乡、工农互惠、城乡一体的新型工农关系，让广大农民平等参与现代化进程，共同分享现代化成果。实现城乡基本公共服务一体化的关键是建立与流动性的城乡人居模式相适应的体制机制，这就要求破除各种制度障碍，推进城乡公共服务体制机制创新。将农业转移人口基本公共服务纳入城镇管理体系需要制度层面的保障。以基本公共服务均等化为导向改革财政体制，统筹考虑农业转移人口的公共福利，将有助于在实质上推进城镇化，在城镇化推进过程中真正体现“以人为本”的指导思想，将解决农业转移人口问题的短期性、应急性措施长期化和制度化。

---

① 参见中华人民共和国国家统计局编：《中国统计年鉴(2013)》，中国统计出版社2013年版，第751～769页。

一、分别确立短期和中长期财政体制改革目标

公共服务均等化是一个渐进的过程，在新型城镇化战略实施进程中，应当进一步明确城市基本公共服务均等化的发展目标，相应设计连续性的短期和中长期财政体制改革目标。首先，从短期来看，要承认地区、城乡之间客观条件差异的存在，在合理差别的前提下，重点保障弱势群体的基本公共服务供给，将差距控制在合理的范围内。在推进基本公共服务均等化时要尽力而为，量力而行。工作的重点首先是拉近距离，缩小差距。财政的短期改革目标就是争取更多种类、更大规模的专项补助，尽可能提高农业转移人口公共服务的涵盖内容、服务质量以及覆盖人群。其次，中期目标需要在现有财政体制中增加对农业转移人口公共服务常态化的财政支出，建立与经济发展和政府财力增长相适应的基本公共服务财政支出增长机制，切实增强各级财政特别是县级财政提供基本公共服务的能力，获得实实在在的财力保障。最后，长期目标则是对公共服务供给模式进行制度性创新，加快转变政府职能，将政府主导的单一模式的公共服务供给模式转变为政府引导下的多主体供给模式，建立政府与市场、社会组织以及社区的友好合作，充分构建政府、市场、社会组织和社区多位一体的供给机制。要致力于消除城乡二元差别，大力促进公共服务资源在城乡、区域之间的均衡配置，缩小基本公共服务水平差距，实现城乡之间及整个国家基本公共服务的一元化，构建城乡一体、标准统一的基本公共服务体系。

二、完善各级政府事权财权划分，合理界定各级政府的基本公共服务责任

一是调整和理顺各级政府的财政分配关系，深化财政体制改革，积极推进县、镇（乡）财政和村级财务管理方式改革，解决长期困扰基层政府的财政短缺问题。二是避免财政分配重心过高而责任分工重心过低的现象，回避“自上而下”的决策机制，避免均等化决策中出现的随意性和主观性。三是建立科学合理的政府评价机制，完善城乡基本公共服务均等化的保障机制，形成基本公共服务绩效评价和监督体系。四是省级对地方基本公共服务财政投入与保障实行定期按事问责制。五是从均等化的设施条件、公共服务的满意度和公平度以及财政投入均衡性三方面入手，结合地方财政能力建立一套科学合理的基本公共服务均等化指标体系，将其纳入政府职员行政能力考核标准。六是将提高人民生活质量作为政府职员考核的重要指标，践行以人为本的科学发展理念。

三、推进财税体制改革，完善转移支付体制机制

财政转移支付制度是实现财政实力均等化、提升财力不足地区财政支付能力的一种有效手段，自1995年建立至今取得了长足的发展，运行日趋规范。现阶段，我国财政转移支付包括体制性转移支付、财力性转移支付及专项转移支付三项内容。近年来，中央政府财力加大了对地方财力的支持，地方之间财力性转移支付的比例逐步上升，地方之间财力的差距日益缩小，财政转移支付的效果日益显现。目前，要扩大公共财政覆盖范围，切实提高一般性转移支付的拨付规模和比例，加大公共服务领域投入力度。省级财政对市县级财政应积极发挥指导和协调作用，逐渐形成合理的纵向与横向支出分布格局。纵向转移支付以保障政权运作基本财力需要为主，横向转移支付以逐步实现基本公共服务的均等化为主。尤其要扩大对农村公共基础服务设施和服务体系建设的公共财政投入，不断提高农村公共财政支出在财政总支出中所占的比重。应当建立起支撑农村公共服务体系的财政体系，释放农村富余劳动力，推进城镇化建设。另外，要通过健全法律法规保障其在法治化的轨道中运行。

四、通过制度创新引入市场力量，建立基本公共服务的多元供给机制

政府购买公共服务兴起于20世纪初的西方国家，“十一五”以来在我国得到了广泛的运用和发展。十八大报告强调，要加强和创新社会管理，改进政府提供公共服务方式，进一步转变政府职能。《中共中央关于全面深化改革若干重大问题的决定》中指出，推广政府购买服务，凡属事务性管理服务，原则上都要引入竞争机制，通过合同、委托等方式向社会购买。政府向社会力量购买服务，就是通过发挥市场机制作用，把政府直接向社会公众提供的一部分公共服务事项，按照一定的方式和程序交由具备条件的社会力量承担，并由政府根据服务数量和质量向其支付费用。国务院《关于政府向社会力量购买服务的指导意见》要求，在教育、就业、社保、医疗卫生、住房保障、文化体育及残疾人服务等基本公共服务领域，逐步加大政府向社会力量购买服务的力度。在新型城镇化战略实施过程中，政府购买公共服务可以充分调动社会力量，提高财政资金使用效率，用尽可能少的钱应对日渐复杂多样、分散凌乱的公共服务需求。相比于过去单纯由政府主导兴办公共服务机构，政府购买公共服务可使公共服务的提供更加及时有效。目前，公共服务供给不足的很大一部分原因是财力不足。

通过创新财税制度可以更好地吸引社会资金参与公共服务体系建设，从而建立起基本公共服务的社会参与机制，充分发挥市场作用，切实提高政府提供基本公共服务的能力。

我国自2004年在广州率先推行政府购买公共服务以来，北京、上海、无锡等地的地方政府均出台了相关政策予以推行，政府购买公共服务逐渐形成制度，尤其是在养老、社区服务等社会管理领域，政府对于社会组织的支持力度较大。例如，北京市政府每年都向社会组织购买包括养老、助残、社区服务等，通过北京市社会建设办公室和各区县社会建设办公室向社会组织购买的公共服务项目种类更加繁多。[①] 但是，从法律层面和现实运行中来看，政府购买服务仍存在一些制度缺位与风险，需要强化财政约束机制防范法律风险。有学者建议，首先要改变这一制度无法可依的困境，或者专门为政府购买公共服务制定法律法规或规范性文件，或者通过对政府采购法进行修订来实现将政府购买公共服务纳入其中的目的。其次，从具体操作层面出发，细化相关政策文件，根据地方实际情况制定管理办法和规范。最后，及时总结各地政府的探索和创新，将一些具有普遍约束力的实践制定为实用有效的管理规范和制度，条件成熟时上升为行政法规和法律。[②]

总之，构建城乡一体的基本公共服务体系是城乡居民平等享有基本公共服务和新型城镇化的制度基础与保障。加快推进财税体制改革，才能为实现公共服务均等化提供雄厚的财力支持和制度基础。

---

① 参见霍晓英：《论新型城镇化战略与城市公共服务供给的制度研究》，载《改革与战略》2014年第7期。

② 参见吴伟鸿：《防范政府购买公共服务法律风险探讨——以强化财政约束机制为视角》，载《当代会计》2015年第11期。

第七章

创新财政支农政策　推动新型城镇化发展

农业产业化是用现代工业、信息等先进技术改造传统农业(以新增投资为支撑),形成规模经济,以提高农业生产率,解放部分农业劳动力,从而给城镇的工业发展和就业提供可能条件。[①] 因此,农业产业化进程的加快会带来城镇化水平的提高。根据党的十八届三中全会的战略部署,新型城镇化的发展必须以农业现代化为基础,并以工业产业化发展为有力支撑。只有加快农业现代化,才能为新型城镇化提供充足的粮食和工业原料,提供大量富余劳动力和广阔的市场。推进新型城镇化,统筹城乡发展,必须加大财政支农政策力度,让广大农民平等参与现代化进程,共同分享发展成果。

自2004年以来,中央连续发布以“三农”为主题的一号文件,制定各项扶持和倾斜政策,包括各种制度、项目和措施,以鼓励和发展农业生产、农村建设,促进农民增收及生活质量提高。十八大提出要构建集约化、专业化、组织化、社会化相结合的新型农业经营体系。十八届三中全会明确指出,必须健全体制机制,形成以工促农、以城带乡、工农互惠、城乡一体的新型工农城乡关系,让广大农民平等参与现代化进程,共同分享现代化成果。要加快构建新型农业经营体系,赋予农民更多财产权利,推进城乡要素平等交换和公共资源均衡配置,完善城镇化健康发展体制。2013年、2014年、2015年的中央一号文件等,都强调要加快构建新型农业经营体系。其中所提出的新农村建设问题,着眼解决的是“农村、农业、农民”的问题,虽然不是直接意义上的城镇化问题,但加快农业产业化和提高农业劳动生产率,必然会推动城镇化水平的提高。从总体上看,城

① 参见夏斌:《城镇化战略应当明晰的十二个问题》,载2013年7月11日《经济参考报》。

镇化与新农村建设是互相促进的。[①] 从实践来看,国家的财政支农政策不断增多,支持力度逐年加大。经过多年政策的制定实施,目前我国已形成了庞大的财政支农政策体系。这些来自不同部门、不同领域、不同阶段的财政支农政策,如果缺乏一个健全的政策体系和完善的制度支持,实践中将会出现政策间的冲突摩擦,难以实现资源的有效整合以及财政支农政策最大效益的发挥。新型城镇化的发展也要求财政支农政策体系适时作出调整。本章全面回顾我国财政支农政策的发展历程,介绍和分析财政支农政策的框架结构以及目前财政支农政策存在的问题和原因,并探讨新型城镇化背景下我国财政支农政策发展的路径和方向。

第一节　我国财政支农政策的演变与发展

各国农业现代化的过程,都离不开国家的支持和保护。财政支农政策是各国政府为了支持农业的发展、提高农民的经济收入和生活水平、推动农村的可持续发展而普遍采取的对农业、农民和农村给予的扶持和倾斜政策,包括各种制度、项目和措施。与国外农业支持或农业保护政策相比,我国的财政支农政策在价值观上更强调农业、农村和农民受益,其所涵盖的政策目标群体更为广泛,涉及的政策种类更加繁杂多样,对于促进农业现代化发展的积极意义是不言而喻的。

一、我国财政支农政策的演变

我国的财政支农政策是适应农村经济社会发展转型的时代要求而逐步发展起来的,因而有着明显的阶段性特征。1978～1987 年间,我国财政支农体系全面改革,改进了农业税征收管理办法,增加了财政支农资金的分配,促进了农业生产力发展。1988～1997 年,我国进入多层次、多渠道增加农业投入阶段,财政支农政策的重点是支持粮食生产,建立财政支农专项资金,促进农村经济全面发展。1997～2002 年是大力加强基础设施建设、支农机制和方式改革深化阶段,通过公共财政体制改革,增加农村基础设施建设投入,并进行税费改革。

① 参见《城镇化战略研究——访国务院参事、南开大学国家经济研究院院长夏斌》,国研网(http://www.drcnet.com.cn/eDRCnet.common.web/DocSummary.aspx?DocID=3476920&leafid=15778&chnid=4055),发布日期为 2014 年 1 月 28 日,访问日期为 2015 年 10 月 5 日。

2003年后，基于统筹城乡发展战略，财政支农政策实现了战略性转变，财政支农政策由单纯的促进农业经济发展向改善农民生活水平、农村公共服务、基础设施建设等方面深入，由经济领域向社会领域拓展。十六大以后，我国财政支农政策的力度逐步加大，出台了一系列财政支农政策，其密度之高、力度之大，超过了历史上任何一个时期。十八届三中全会之后，我国财政体制改革进入新的阶段，财政体制的调整必然带动财政支农政策的改革。

在推进农业农村发展的政策举措方面，一是推动农村深化改革。2006年，我国全面取消农业税，之后又陆续取消了牧业税、农业特产税、屠宰税，终结了长达2600年种田交税的历史。2006年后，逐步推进农村综合改革，将改革的重点转向乡镇机构、农村义务教育、县乡财政管理体制、集体林权经营制度等领域。二是大幅度增加财政支农资金。2003～2012年，中央财政累计安排"三农"支出约6万亿元，年均增长21.5%。[①] 三是实行农业直接补贴。粮食直补、良种补贴、农机具购置补贴、农资综合直补等制度，开创了直接补贴农民的先河。中央财政安排的种粮直补、农资综合补贴、良种补贴和农机购置补贴等四项补贴资金从2003年的3.3亿元增长到2011年的1406亿元，2013年达到1700.5亿元。同时，补贴政策逐步拓展到畜牧业、林业、草原、农业保险等其他领域，并对产粮(油)大县、生猪调出大县等实施奖励。四是完善粮食收储体系，推进粮食流通体制改革，支持粮食购销放开和实行最低收购价政策，迈出了农业市场化改革的关键一步。实施重点粮食品种最低收购价，给种粮农民吃了"定心丸"；实行对粮食主产县和财政困难县乡财政奖励补助的激励政策，提高了地方政府重农抓粮的积极性。五是推行农村义务教育"两免一补"，超过1.5亿农村学生直接受益。同时还实施了教师特岗计划、薄弱学校改造计划、学生营养改善计划、中小学校舍安全工程等等。六是建立新型农村合作医疗制度，积极促进农村医疗卫生事业发展，实现了新型农村合作医疗制度全覆盖，将新农合补助标准提高到每人每年240元，并且建立了基本药物制度、农村医疗救助制度，8亿多农民有了看病报销的待遇。七是建立农村最低生活保障制度，覆盖全部农村人口，财政安排专项资金予以支持。八是推进农村社会养老保险；加快农村水电路气房等基础设施建设，让农民喝上了干净水、走上了柏油路、用上了清洁气、住上了新农房；加强农民工权益保护和服务，推动了城乡平等就业的进程；

① 参见谢旭人：《中央财政过去十年安排"三农"支出约6万亿》，载2012年10月29日《经济日报》。

深化农村改革，破除了制约农村生产力发展的体制机制障碍，农业农村发展的动力和活力进一步增强。九是支持农村扶贫开发。据初步统计，2010～2012年，中央财政在财政专项扶贫、一般性转移支付、农业生产发展、农村社会保障、农村教育、农村医疗卫生和其他（水库移民、彩票公益金）等七个方面，用于农村贫困地区、使贫困农民直接受益的综合扶贫投入分别为1618亿元、2272亿元和2996亿元，保持了较高的增长水平。[①]

一系列财政支农政策的密集出台，使农业农村发展和农民增收状况都有了明显改观。我国农业和农村发展取得了举世瞩目的成就，城乡之间的经济社会关系也开始发生积极变化。粮食连续增产，农民人均纯收入连续较快增长，城乡居民的收入差距也有所缩小。同时，农民进城务工经商乃至举家外出到城镇定居的种种束缚正在加快解除，农村务工人员已经成为我国诸多行业产业工人中的主体力量。农村劳动力的大规模流动和进城务工经商，不仅为城镇和工商业的发展带来了新生力量，加强了城乡之间经济社会的交融，更为发展现代农业和促进农民收入较快增长开辟了新的空间，工资性收入已经成为新世纪以来我国农民收入增长的重要支柱。

二、我国财政支农政策的作用与评价

目前，我国仍为农业大国，农村人口众多，第一产业在国民生产总值中占比偏高，一产产值占比近几年都在10%左右。对第一产业税收优惠政策较多，其中农业部分几乎都是免税产业。2004～2013年，我国第一产业的平均税负率仅为0.07%，自然税收即平均税收占比仅为0.12%。[②] 推进新型城镇化建设，需要优化产业结构，促进经济增长。但从目前来说，仍然要保障第一产业的发展，同时促进第二产业创新发展和第三产业重点发展。要保障第一产业的发展，保障国家粮食安全，必须继续巩固农业基础，促进农工贸一体化。因此，要继续实施财政支农政策，给农业生产足够支持。

经过多年的发展，我国逐步建立了支农投入稳定增长的机制，形成了种类繁多、涉及面广的财政支农政策体系。从彻底免除农业税到推进乡镇机构改

---

① 参见郑开元、李灯强、匡绪辉：《深化财税体制改革与中部崛起研究》，载《湖北社会科学》2015年第3期。

② 参见桂萍唐明：《经济新常态下我国地方税税源优化策略及实现路径》，载《商业研究》2015年第12期。

革;从实行对种粮农民生产的直接补贴到建立粮食最低收购价制度;从提出把国家基础设施建设和社会事业发展的重点放到农村,到农村义务教育经费保障制度、新型农村合作医疗制度、农村最低生活保障制度、新型农村社会养老保险制度的建立;从全面推进集体林权制度改革,到明确农村土地承包关系要保持稳定并长久不变;从大幅度提高农村扶贫标准,到分类指导城镇户籍制度改革政策的出台;等等。所实施的一系列重大改革,调整了国民收入分配格局和城乡利益关系,农村社会事业和公共服务供给机制实现重大变革,理顺了国家、集体、农民的分配关系。

回顾历史发展,可以看出财政支农政策的变化和逐步完善的过程。一是政策理念发生重大转变。"多予,少取,放活"成为财政支农政策的明确指向,公共财政资源配置不断向农业农村发展倾斜。二是政策覆盖范围不断扩大。由单纯促进农业生产转向促进农业农村全面发展;由单纯支持农业农村经济发展转向促进城乡统筹发展,促进公共资源在城乡之间合理配置,促进农业现代化的发展。三是投入持续大幅度增长。四是政策的制定和实施日益制度化、多样化。通过采取财政补助、财政奖补、民办公助、以奖代补、税收优惠等多样化措施①,进一步强化了财政政策的引导作用,构建起加快农业现代化发展的长效机制。

2010 年 10 月 12 日,华中师范大学中国农村问题研究中心发布了"中国农村调查"的成果。华中师范大学中国农村问题研究中心"百村观察"项目组于 2010 年 7 月、8 月对全国 258 个村庄的 4000 户农户进行了访问,详细了解农民对国家持续推出的财政支农政策的反响与评价,并形成了多项研究成果和调研报告。这些报告共涉及税费改革、基础设施建设、粮食补贴、农业保险、新农村建设、低保、新农合、小额信贷、林权改革、新农保、家电下乡、农机下乡、汽车下乡和建材下乡等 14 项财政支农政策。调查显示,农户对 14 项财政支农政策的平均评分为 3.87 分,对财政支农政策整体持"比较满意"的态度。其中,税费改革和粮食补贴这两项政策农民给予了"非常满意"的评价。从政策类型来看,农民最为期待的是生产激励类的政策,所占比例达到 24.8%,其次是制度基础类

① 参见谢旭人:《构建完善财政支农政策体系谱写"三农"科学发展新篇章》,载 2012 年 1 月 29 日《经济日报》。

政策，所占比例为15.4%。[①] 王元成通过分析这245个村共计3641户农户的调查数据提出，就整体而言，农民非常关注财政支农政策，理性参与政策评价，对财政支农政策整体“比较满意”。其中，农村高龄人群、高学历人群、高收入人群对财政支农政策的满意度更高、实惠感更强。具体而言，从财政支农政策内容来看，税费改革和粮食补贴饱受农民好评，小额信贷、农业保险评价一般；从财政支农政策的时效性来看，农民对推出时间早、实施时间长、受惠面积广的财政支农政策评价最高；从财政支农政策属性来看，农民对制度基础性财政支农政策评价最高，对经济刺激性财政支农政策评价最低。因此，政府应该在坚持因地制宜、因时而动、分类推进原则的基础上，进一步巩固财政支农政策地位，完善财政支农政策体系，调整财政支农政策结构，转变财政支农政策信息传播方式，以确保其顺利运转，发挥最大效用。[②]

另外，也有很多学者做了关于财政支农政策执行效果的调查。如罗万纯利用调查数据，对中国农村政策的执行情况、村干部对农村政策的评价情况及其影响因素进行了分析。[③] 王良健通过对我国粮食主产区部分省份进行抽样问卷调查，从农民满意度的角度出发，运用满意度测评方法对我国财政支农政策实施绩效进行实证分析。[④] 刘志国则依据在河北省的调研，从农户的视角，以问卷调查的方式收集数据，分析评价了财政支农政策的实施效果。[⑤]

第二节　我国财政支农政策的框架体系

一、我国财政支农政策的指导体系

改革开放以来，我国财政支农政策的发展演变都是在国家的大政方针指导下进行的。改革初期，家庭联产承包责任制、废除人民公社体制、农产品流通体

---

① 参见艾童：《百村十年观察：发布“中国农村调查”秋季成果》，载2010年10月18日《中国社会科学报》。

② 参见王元成：《惠农政策的成效评价：农民视角——基于全国245村3641户农民的调查与思考》，载《东南学术》2012年第1期。

③ 参见罗万纯：《中国农村政策效果评价及影响因素分析——基于村干部视角》，载《中国农村经济》2011年第1期。

④ 参见王良健：《基于农民满意度的我国惠农政策实施绩效评估——以湖南、湖北、江西、四川、河南省为例》，载《农业技术经济》2010年第1期。

⑤ 参见刘志国：《农户视角的惠农政策实施效果评价》，载《农业经济》2009年第2期。

制改革等深刻影响着农村社会的发展。为此，1982～1986 年，国家连续 5 年以中央一号文件的形式，就农村经济社会改革提出政策意见。十六大后，中央也连续出台了指导农村工作的中央一号文件，从战略层面谋划指导农业和农村社会的发展稳定。当前一系列财政支农政策正是在此背景下形成并付诸实施，继而形成了相当规模的财政支农政策体系。其中，2004 年的中央一号文件以促进农民增收为主题；2005 年以提高农业生产能力为主题；2006 年以扎实推进新农村建设为主题；2007 年强调要发展现代农业；2008 年以切实加强农业基础建设为主要目标；2009 年提出要促进农民持续增收；2010 年则以加大统筹城乡发展力度、进一步夯实农业农村发展基础为主题；2011 年更加重视农村基础设施建设，提出要加快水利改革发展，加强水利建设；2012 年要求同步推进工业化、城镇化和农业现代化，进一步加大财政支农政策力度，合力促进农民较快增收；2013 年提出要工业化、信息化、城镇化与农业现代化同步发展，加大农村改革力度、政策扶持力度、科技驱动力度，围绕现代农业建设，着力构建集约化、专业化、组织化、社会化相结合的新型农业经营体系，进一步解放和发展农村社会生产力，巩固和发展农业农村大好形势。这些中央文件，再加上一系列配套实施措施，构成了我国财政支农政策的统一指导思想体系。

二、我国财政支农政策体系的分类与构成

国家制定的财政支农政策涉及农村发展的方方面面，既有直接的现金补贴，也有产业扶持、教育减免、公共服务财政奖补、人才激励和扶持农村专业合作组织发展等各项制度和措施，数量种类繁多。在财政支农政策种类划分问题上，也存在很多不同的类别划分。例如，从财政支农政策的所属领域可以将其分为生产补贴类、生活保障类、能力建设类、基础设施改善类等类别。从功能方面可以分为四个方面的内容：一是农业支持。政府从改善农业生产的基本条件入手，通过对农业科技、教育、水利、环保、基础设施等公共产品的财政投资，为农业的发展夯实基础，增加后劲。二是农业保护。政府利用法律或行政手段，使农民在实现农产品价值时能够获得比市场均衡价格更高的收入。农业保护由两部分内容组成，即贸易保护和生产补贴。三是农业补贴。主要是指财政对农业生产、流通和贸易进行的转移支付，包括对农产品的补贴、对农民投入的补贴、对农民的直接补贴以及出口补贴。四是财政支农。政府用于国内农业政策的所有财政性支出，包括投入补贴、产出补贴、直接补贴、政策一般服务、消费者

食品补贴和出口补贴等。另外,也有学者将财政支农政策分为农业经济发展类(包括税费改革、农业补贴、农业产业化发展等方面的政策)、农民生活保障类(包括农村医疗养老等社会保障、就业培训、家电下乡等促进消费的政策措施)、农村公共服务类、农村基础设施类、农村组织建设类等五个层面,形成了较为完整的财政支农政策框架体系。[①] 而"百村十年观察计划"的实施负责人、华中师范大学中国农村问题研究中心教授邓大才则把财政支农政策大致分为四类:一是解决民生问题的利民政策;二是拉动内需增长的经济政策;三是促进农业发展的产业政策;四是解决农村问题的社会政策。[②]

第三节　我国财政支农政策制定及执行中存在的问题

我国财政支农政策的出台是适应农村经济社会发展转型的时代要求,针对各个发展阶段在农业发展、农民增收和农村稳定中出现的难点难题,而进行的政策调控和资金支持,因而时效性、阶段性的特征明显。最初是在城市化发展的过程中,农村人口大量外出流动,农业生产和农村社会发展面临资金不足、技术短缺、人力缺乏的困境,围绕如何巩固农业的国民经济基础地位,确保粮食生产的稳产增收,提高种粮农民的积极性,国家开始出台一系列的财政支农政策。随着经济社会的发展,财政支农政策由单纯的促进农业经济发展向改善农民生活水平、农村公共服务、基础设施建设等方面深入,由经济领域向社会领域拓展。经过多年的政策制定实施,形成了目前众多的财政支农政策类别。显而易见,这些财政支农政策中不可避免地存在短期目标与中长期目标共存并相互冲突的情况。而且这些来自不同部门、不同领域的财政支农政策,如果缺乏一个健全的政策体系,实践中将会出现政策间的冲突摩擦,难以实现资源的有效整合,发挥财政支农政策的最大效益。同时,国家出台的各项财政支农政策,实践中能否实现政策目标,促进农村经济社会和农业现代化的发展,既受到财政支农政策本身是否科学合理、具有可操作性的影响,也受到政策执行中多种因素的制约。在近年来的调查和研究成果中,财政支农政策的制定和实施主要存在以下问题。

---

① 参见邵青:《我国惠农政策的框架体系及政策执行影响因素分析》,载《甘肃理论学刊》2012 年第 2 期。

② 参见邓大才:《惠农政策要适时调整和优化》,载《中国合作经济》2010 年第 6 期。

一、政策制定方面存在的问题

第一，我国财政支农政策的制定方面缺乏整体框架体系，导致政策实施出现协调难题。从我国所制定实施的财政支农政策来看，财政支农政策种类繁多，并由政府不同部门所制定，如财政部、农业部、商务部、民政部等。而且财政支农政策制定有一个时间过程。如农业经济发展方面的种粮直补、农资综合补贴、良种补贴是从 2004 年开始实施的；农技具购置补贴是 2006 年实施的；家电下乡补贴政策是 2007 年开始试点，2008 年扩大试点范围，2009 年在全国推广。财政支农政策在政策制定层面，由中央政府部门完成，然后通过行政层级，一级一级落实到乡镇政府和村级组织，体现了政策制定主体的多元化和政策执行主体的单一性。由于不同部门的出发点和落脚点不同，所制定的政策难免会出现相互冲突局面。而在政策执行层面，单一的执行主体面对相互冲突甚至矛盾的财政支农政策，究竟如何贯彻，常常是一个难题。

第二，政策制定缺乏对农民实际需求的调查，政策执行难以操作。我国财政支农政策制定与实施中各环节都由政府主导，缺乏农民的参与。一是财政支农政策主要由中央政府制定，地方政府处于被动地位。二是农民参与不够，农民的需求通常只反映到乡镇一级，而乡镇没有动力也没有合适的渠道向政策制定部门反映农民的需求。制定政策的中央政府难以了解基层政府和农民的意愿，缺少对农民群众公共服务需求的调查环节，往往根据一些部门对形势的研判制定政策，而政府部门常常基于部门利益形成有利于部门的规则，有意无意地忽视农民的意愿。因而财政支农政策的适应性问题较为突出，导致政府政策供给与老百姓的政策需求之间相脱节，财政支农政策执行过程中遇到很多障碍，难以操作。

第三，财政支农政策机制缺乏监督与反馈机制。公共政策是一个系统工程，政策机制是由制定、执行、监督和反馈等各环节构成的统一整体。我国不断出台财政支农政策，却对财政支农政策体系缺乏系统研究和建设。我国财政支农政策一直存在重制定和执行，轻监督和反馈环节的倾向。虽然政府规定了一系列的监督措施，但基本上是政府内部的监督，社会监督机制并没有建立起来。而政府内部的监督机制存在监督随意性强的缺陷。信息反馈是公共政策的重要环节，但我国财政支农政策至今缺乏反馈机制的建设。反馈机制的缺位使农民的价值、利益、要求不能反馈到财政支农政策上来，使得政策制定、实施和监督的好坏都缺乏鉴别依据,导致财政支农政策可能脱离实际和背离农民利益。

第四,财政支农政策在密集出台时,缺乏对其长远效果的深入研究。财政支农政策分散制定的阶段性特征,往往缺乏与经济发展长远目标的有效衔接。自农业税取消以来,随着国家财政的大幅增加,国家支农的力度和能力空前加大。但过分强调支农力度,追求短期效应,而忽视了与"三农"发展长远目标的衔接。①

二、政策执行中存在的问题

一位研究"三农"政策的学者曾指出,精心设计的政策在现实中往往发生错位,可能出现"播下龙种,收获跳蚤"的尴尬。② 我国财政支农政策在执行中也同样遇到类似的局面,原因则主要在于财政支农政策的执行机制存在一些问题。目前,我国财政支农政策执行中存在的障碍主要表现在政策执行的宏观环境不足、基层政府执行不力、财政支农力度不够等。究其原因,有各阶层的政策意识缺陷、乡镇财政困难、政府高度集权、政策执行机制不完善等。

第一,财政支农政策执行体系存在职能分散、整合不够、效益不高的问题。主要原因在于强农惠农各项目参与管理部门多,资金的使用和管理点多面广,拨付渠道多,各部门分别有各自的资金管理办法、使用规定和检查验收要求。各部门之间缺乏统一规划、统筹整合安排,所以资金使用效益、项目发挥作用不是很高。

第二,行政效率低下,办事推诿拖沓。财政支农政策在执行层面面对的是广大的人民群众,各项财政支农政策的基数核实、各种材料的审核汇总、补贴的发放等,工作量非常大,加之工作环境差,条件艰苦,有的工作人员对各项工作都是敷衍了事,办事推诿拖沓,不能及时上报各种材料或者上报材料不实。另外,部分补贴程序繁琐,兑付速度缓慢也是造成效率低下的原因。如新农合的住院报账补贴手续繁琐,农民拿到补贴的时间过长等。

第三,实施成本过高。一是行政成本高,为确保各项财政支农政策落实到位,县、乡、村都要组织会议、印发文件、制作宣传资料、编制账册、上门宣传、丈量土地、核实面积、张榜公布、调处纠纷等,这都需要大量的人力、物力和财力,增加了实施成本。二是农民获得实惠的成本高,农民要获得补贴要支出交通

① 参见周批改:《惠农政策的问题与对策分析》,载《湖湘三农论坛》2009 年第 10 期。

② 参见温铁军:《中国农村基本经济制度研究》,中国经济出版社 2000 年版,第 410 页。

费、误工费、复印费等。

第四，在农资价格上升过快的情况下，粮食直补政策和其他财政支农政策的政策效应被价格不断上涨的农资所吞噬，农民种粮效益并没有达到预期效果。

第五，财政支农政策要求地方资金配套，加剧了地方财政支出压力。很多财政支农政策都要求地方按一定比例配套资金，而且要求配套的资金规模逐年扩大。落实强农惠农配套资金可能导致地方财政收支矛盾更加突出。

第六，有的乡镇干部对财政支农政策的认识性不足，工作不到位，政策宣传不到位，工作缺乏积极性。虽然各级电视台和党报对每一项财政支农政策的出台都进行了宣传报道，但农民对财政支农政策的具体内容、补贴标准、办理程序都知之甚少。乡镇、村委干部入村串户少，工作不具体、不细致，相当部分村干部都把宣传材料往村委一放或者交某位农民代为转发，跟踪问效不足，部分农民根本不知情。

第七，对财政支农政策的监督检查、跟踪问效、责任追究制度不健全，尤其是对村干部问责制无从谈起。这种现象的存在既有客观情况，又有主观因素。客观情况是财政支农政策涉及面广，检查、核实工作量大，国家对农民的制约因素缺乏，办公条件艰苦，经费欠缺等；主观因素是基层工作人员责任心不强等。

第四节　创新支农财政政策体系　推进城镇产业化发展

党的十八大报告明确指出，解决好农业、农村、农民问题是全党工作重中之重，城乡发展一体化是解决“三农”问题的根本途径。推进新型城镇化发展，改变城乡二元结构，构建新型城乡关系，统筹城乡发展是一场深刻的社会变革。但它绝非城市对农村的单向度援助和帮扶，而是基于差异互补的共赢。由此，必须在肯定我国财政支农政策体系现有成果的基础上，进一步调整和完善政策措施，形成有利于农业现代化发展的长效机制和制度体系。

一、新型城镇化背景下的财政支农政策取向

在新型城镇化的战略背景下，当前我国财政支农目标取向可以归纳为三个方面：

一是保障国家农产品供给安全。我国拥有 13.4 亿人口，确保国家粮食安全始终是党和政府首当其冲的重大经济和政治问题，与国民经济可持续发展和

社会长期安定团结密切相关。第一,要通过加大财政支农力度,提高农民农业生产积极性,解决农业主产区政府和农民种粮的后顾之忧。第二,要加强支农财政投向的针对性,加大对农业主产区和种地农民的补贴力度,提高支农补贴占农民收入的比重,增加农业地区政府和农民的种粮和生产农产品积极性。第三,要在"互联网+"的大潮中,促进农业生产与互联网良性互动,开展农村电子商务,打通农村物流渠道。第四,要研究并推广现代化农业技术,推进农业全面机械化、科学化,促进农产品深加工,提高农业综合生产能力。第五,要扶持发展生态循环农业,实现农业的可持续发展。

二是缩小城乡居民收入差距。党的十八大报告明确提出缩小城乡居民收入差距,实现城乡一体化发展。国外发达地区政府对农民的补贴占农民收入的40%以上,而我国2013年财政支农补贴仅占农民收入的4%,加之粮食等主要农产品实行价格管制,限制了农民收入的提高。因此,必须加大财政支农力度,逐步缩小城乡收入差距。

三是有序推进农业转移人口市民化。国家统计局数据显示,2013年我国城镇化率达到53.7%,但是户籍化率只有27.6%,这其中有相当一部分是离开农村、脱离农村到城市工作的农民。[①] 为此,必须完善财政支农政策体系,合理引导农民流动。要加大农业基础设施建设和资金投入力度,创造合理的生产条件,提高农业主产区和职业农民的农业生产积极性,引导土地流转和空闲下来的农民投入到第二、第三产业中。

二、完善财政支农政策结构,实现财政支农政策的战略转型

当前我国的城乡发展差距主要体现在三个方面:一是农业科技含量、劳动生产率低,这必须通过加快发展现代农业来解决;二是农村基础设施建设和社会事业发展滞后,农村生产生活条件差;三是城乡居民收入总体上还存在较大差距。我国财政支农政策体系应当围绕这些问题,作出相应的调整和完善。

"百村十年观察计划"的实施负责人、华中师范大学中国农村问题研究中心教授邓大才提出:"财政支农政策应从战略性、战术性两个层面进行调整。"[②]所谓战略性的结构转型就是要调整各类财政支农政策的比重和结构。首先是从

---

① 参见任淑荣:《新型城镇化战略下的支农财政政策调整——基于农民社会层次分化趋势的思考》,载《理论与改革》2014年第5期。

② 邓大才:《惠农政策要适时调整和优化》,载2010年6月9日《三农在线》。

关注民生型的财政支农政策转向关注能够增强农村发展后劲、促进农业增长的基础性制度。例如，更多地实施“技术下乡”，让农民能够跟上农业技术创新的步伐，以技术提高生产力，以技术增收。其次是从注重经济性财政支农政策转向注重社会性财政支农政策，虽然现在已经有了新农合，但新农合没有从根本上改变农民就医难的问题，还需实施新一轮的“医疗下乡”。还有能够改善生活质量的“环保下乡”、改善农村卫生环境的“卫生下乡”等，都是需要进一步加强的惠农措施。这些都要求国家加大促进农村发展的基础性制度出台的力度。推进战略性政策结构转型的同时，对于民生性政策要进行战术性的调整。一是更多地实施服务下乡类型的政策，提高农民的生活质量。二是民生性财政支农政策应更加精细化、人性化，财政支农政策应考虑不同地区、不同家庭的需求，因地制宜制定政策。

另外，还要考虑调整财政支农政策以促进产业政策、消费结构转型。一方面，国家要通过财政支农政策引导企业和地方政府淘汰过剩的、落后的、过时的产能，及时推出节能、环保、生态、人性化、乡土化的下乡产品与财政支农政策配套。政府在招标时就要鼓励竞标企业将符合资源节约、环境友好两型社会以及低碳经济要求的产品优先下乡，引导企业淘汰高碳经济产品。另一方面，财政支农政策要发挥引导消费的作用，引导农民转变消费结构，鼓励农民消费节能、环保、生态、低污染、低排放的下乡产品，以及具有一定知识和科技含量的新型产品，如电脑、宽带等。

在众多的财政支农政策中，不能将所有的政策同质化。财政支农政策性质不同，效果也会有差异。比如，建材下乡、家电下乡、汽摩下乡等政策就属于经济激励政策，粮食、生猪补贴和结构调整政策属于产业政策，这类政策相对比较单纯，也比较好操作，能够享受到政策好处的只有部分农民。而新农合、新农保、新农村建设中的公路硬化、村庄建设属于社会政策。社会政策是一种基础性的制度安排，属于普惠式政策，它是农村稳定的基础，也是农村和谐的前提，一旦形成就能发挥基础性支撑作用。这类政策相对比较复杂，操作难度大，见效时间长。因此，政策安排要考虑经济政策与社会政策的区别和成效，不能将经济政策视为社会政策，也不能将社会政策当成经济政策，要处理好经济政策的社会化和社会政策的经济化问题。

近年来，国家从减轻农民负担、改善农民生活质量的角度，出台了不少民生性政策，比如危房改造。但必须看到，民生性政策只是“授之以鱼”，它能够增加农民的现金收入，解决农民的暂时困难，也能够改善生活质量，还能够获得民心，赢得农民的拥护。但民生性政策不能培育农民的增收能力，不能提高农业的生产能力，也不能增强农村的发展后劲。因此，必须更多出台促进产业发展的新型政策，推进民生性政策转型，"授之以渔"，并处理好民生政策与发展政策的组合配套问题。既要有民生性政策解决农民的实际困难，赢得民心，更要考虑农村长期的可持续发展问题，提高政策成效和结构效率。

总之，财政支农政策的转型和结构调整，首要的问题是明确政策性质、政策目标，再根据农民的需求、宏观经济形势、政治社会环境及时评估和反思，促进政策转型和结构优化，实现政策效应的最大化。政策调整与优化首先要处理好短期应急性政策与长期基础性制度、拉动经济增长的政策与促进社会和谐的政策、解决民生的政策与夯实农村发展基础的政策这三对关系。处理好上述三对关系的关键就是要与时俱进，根据农民的需要，根据经济社会政治形势，把握好政策出台的时机，把握好政策转型的时点，及时推进财政支农政策转型和结构调整。

三、完善财政支农政策体制机制，促进财政支农政策的配套协调

财政支农政策是由制定、执行、监督和反馈等各个环节组成的一个有机整体，但我国财政支农政策各环节不完善且配合不协调，导致财政支农政策往往偏离所要解决的问题，农民不受益或少受益。为保障财政支农政策真正惠农，必须根据实际情况不断改进和完善惠农机制。随着时间的推进，财政支农政策越来越多，对政策之间的配套、组合也提出更高的要求。

第一，促进财政支农政策立法，将财政支农政策中的有效措施提升到法律层面，用法治的方式提高财政支农政策的执行力度。国家必须立法规范公共财政对农村的扶持政策，建立灵活高效的政策激励机制和法律保障体系。对此，我们可以借鉴国际上农业支持与保护的先进思想和方法。欧美主要发达国家对农村、农业的财政扶持都是通过国家制定法律法规的形式实现的，主要有两种形式：一是综合性法律，即制定政府间财政资金拨付的综合性法律。如德国的《财政平衡法》，通过纵向平衡和横向平衡，加大对贫困州及州以下乡镇政府的转移支付力度。二是行业性法律。将涉及本行业的财政扶持政策予以法制化。如英国 1957 年颁布的《农业法》规定了农业基本建设补贴等制度。[①] 多年

---

① 参见李果仁：《国外公共财政支出向"三农"倾斜的经验及启示》，载《改革与开放》2006 年第6 期。

来，中央和各省出台了一系列政策和支农举措，如粮食直补政策、良种和农机具购置补贴政策、农村合作医疗制度、最低生活保障制度等，但我国对农业的投入还没有建立法制化的管理方法。因此，必须强化农业扶持的法律法规与制度保障，增强扶持政策的权威性、连续性与有效性。可通过法定的程序，将上述政策和具体举措上升到法律法规的层面，加快推进农村公共财政的立法步伐。我们可以采取分步进行的做法：首先，研究、制定指导性文件，明确财政支农政策的总体思路、目标举措等。其次，积极开展政策制定实施方面的前期立法调研工作，然后在此基础上，尽快制定财政支农政策规范化建设方面的法律法规。

第二，加强财政支农政策执行机构体制改革，优化财政支农政策执行的宏观环境，提升基层政府的政策执行力，整合资源，提高基层政府执行力度。支农财政资金的有效管理是提高涉农项目和资金使用效率、确保支农政策落地的重要保障。要不断强化对财政支农资金的统筹，从预算、使用、监督等环节加强清理整合，简化支农资金流程和环节，减少支农政策行政成本。同时，要加强支农财政资金的使用监督，采取定期和不定期抽查方式，加大对有损职业农民和农业主产区支农财政资金的监管力度，防止支农资金截留、骗补失补等恶劣行为的发生，并在此基础上，逐步建立全国财政支农资金和项目联网查询管理机制，确保支农财政政策完全落到实处。

第三，积极探索财政支农项目和资金整合新路，有效降低制度运行成本。一方面，要切实打破行业界限、部门分割局面，整合优化各个支农项目和各级支农资金，充分发挥支农资金的聚集效应，有效降低制度运行成本。做到统一规划，统筹安排，渠道不乱，用途不变，集中使用，促进支农资金向重点项目、重点产业集中，使有限的资金发挥最大效益。另一方面，可以对同一受惠对象的不同补贴项目进行整合，有效降低制度运行成本。粮食直接补贴、农资综合补贴、良种补贴、农业保险补贴，这些项目政策目标基本相近，都是为了调动农民种粮的积极性、增加粮食生产、保障国家粮食安全出台的支农政策，应考虑合并于粮食直补中一并发放，减少基层工作量，节约行政开支，降低政策成本。

第四，建立起行之有效的动态管理机制，做到数据及时更新。做好土地资源分类的核实工作、人口增减变动工作，及时做好各类体弱病残、无生活来源、无法定赡养人以及发生重大疾病和自然灾害及子女上学困难等群众的登记工作。采取先经过民主评议，再公示，最后审批的程序确定各类支农补贴的落实发放工作。

第五，建立广泛的农民利益表达组织。财政支农政策不是简单的行政干预，而应是在充分利用市场力量、推进市场化的前提下，合理划分政府、农村非盈利组织和农民的职责和权限。因此，要充分尊重农民的主体作用。财政支农政策是为了农民，也必须依靠农民，要“还权于农”，在财政支农政策的制定、执行、监督和反馈的各个环节保障农民的知情权、参与权。可以设立农民利益代表，确保各级政府在制定农村政策时能听到农民的声音，将农民最真实的想法和情况反馈给政府。

第六，加大监督管理力度。要加强财政支农政策的监督检查。各级纪检监察机关和财政、农办、农民负担监督部门，要经常性地开展明察暗访，对重要环节、重点部位进行重点监督。同时，要创新财政支农政策的监督方式，可考虑由专业研究机构或调查公司等第三方力量介入对政策落实状况的监督、检查环节，以提高监督、检查的有效性和真实性。

四、健全财政支农政策信息传输和反馈机制，加强政策信息传播体系建设

要加大政策宣传力度，让财政支农政策家喻户晓。财政支农政策在自上而下的传播过程中往往会出现信息失真的情况，而信息失真会造成农民无法了解中央出台的财政支农政策的真实用意。与此同时，财政支农政策信息在传播过程中缺乏必要的反馈机制，也导致中央无法确切掌握农民对财政支农政策的真实反应。因此，要保证农民对政策满意，政府必须让农民比较全面了解政策信息。一项财政支农政策的出台，就农村而言，最好的宣传方式就是将政策的实施目的、涵盖对象及具体目录、补贴的产品和标准、申领程序、每道程序所需要的材料、产品质量投诉渠道等印成小册子发放到农户手中，每户一册。也可适当辅之以宣传车、报刊、电视等媒体进行宣传。在借助电视、广播以及网络等现代传媒快速、高效地传递财政支农政策信息的同时，还可以通过村民大会或“黑板报”等传统方式向农民及时准确、细致地宣传有关财政支农政策。另外，要提高农民参与财政支农政策实施的意识。在财政支农政策中，农民不应只是顺从的目标群体，也不是被动的“政策客体”或“政策对象”，而是能够自觉认识到政策目标与自身利益之间的关系，并作出积极反应的主体。要创造条件促进农民与政府双方对政策的沟通与交流，重视农民对财政支农政策的信息反馈，提高农民参与财政支农政策制定、执行和监督的积极性。

第八章

完善预算管理制度　推进新型城镇化发展

第一节　新型城镇化建设必须完善预算管理制度

新型城镇化是以人的城镇化为核心的进程，是让人民群众共享改革成果的历程。从政府预算职能发挥角度来看，为了实现公共服务均等化目标，政府需不断强化城镇化公共服务力度，加大预算方面的支出，优化新型城镇化的财政福利，借以满足新型城镇化建设的公共需要。

"十三五"规划已经启程，新型城镇化之路更加稳妥推进。国家发展改革委员会统计数据显示，2015 年，我国的城镇化比率达到 56.1%。从城市规模来看，城市有 653 个，城镇人口是 7.7 亿。从镇区规模来看，镇区的人口达到 10 万以上的镇有 280 个，人口有 5 万以上的镇有 780 个。新型城镇化就是让社会的发展更加体现广大民众的意志和利益要求。因此，预算管理制度支持城镇化的力度加强也体现在政府对社会整体利益的追求上，即在对经济关系的调整中立足于社会整体利益，在任何情况下都以大多数人的意志和利益为重。预算管理制度的社会利益本位的立场使其对发展观念的追求是独特的，立足于社会整体利益，以社会公平为价值目标，运用预算法治对城镇发展进行规范和调控。

预算反映党和国家大政方针，体现立党为公、执政为民的重要活动。现代社会的预算不仅是国家治理社会之工具，更是公民根本利益实现之利器。预算的内涵和外延无不彰显对公共服务、民生保护和经济发展的保障。概括而言，预算的本质为：纳税人（人民）要直接或间接（通过其代表）地规范、控制和监督政府的收支行为，促使政府的公共预算活动纳入社会公众直接或间接（以代议机关为载体)监督的范畴,确保公共预算活动符合社会公众的根本利益。简言之,即经济、社会和人的全面发展。[①] 预算法在财政调控法律体系中处于重要地位,是预算法律制度体系的规范化构建。从立法目的来看,其意在淡化预算法律关系中行政主体的主导地位[②],规范政府收支行为,强化预算约束,加强对预算的管理和监督,建立健全全面规范、公开透明的预算制度,保障经济社会的健康发展。出于这样一种"管好政府的钱袋子"的控权立法目标,我国预算法规定预算管理对象为政府,蕴涵了民主、法治精神,是一部规范政府之法。新型城镇化建设中的政府预算活动,必须严格遵循法律规定,实现政府财政收支行为与管理活动的制度化、程序化、阳光化。城镇化公共产品供给是公共服务型政府职能的一大重要方面。在新型城镇化进程中,政府通过行政体系以及作为其延伸的其他公共服务主体,承担着各种公共服务的供给,推动着城镇化进程的加快。

第二节　新型城镇化建设中预算管理制度的发展和新要求

一、制度发展的梳理

从预算产生和发展历史来看,预算历来被称为"国家的钱袋子",是规范、控制和监督政府行为之法,从而确保政府公共预算活动符合社会公众的根本利益。因而,新型城镇化的推进需要确立预算的完整性、全面性,规范和监督政府的全部收支行为,进而规范和控制政府的施政方向、范围和行为,使新型城镇化进程中的预算管理迈向现代公共预算。

2013 年 11 月 9～12 日,党的十八届三中全会召开,并于 12 日通过了《中共中央关于全面深化改革若干重大问题的决定》,提出要"深化财税体制改革,健全城乡发展一体化体制机制",通过宏观调控方式,优化财税体制,明确了"必须完善立法,明确事权,改革税制,透明预算,提高效率,建立现代财政制度",强调"改进预算管理制度"。针对我国城乡经济社会的"断裂式"发展问题,要通过健全相关制度,形成具有促、带、惠特色的新型城乡关系,推进城乡要素平等交换

---

① 参见朱大旗:《新〈预算法〉的进步》,载《国际税收》2014 年第 10 期。

② 这种主导地位过分强调国家预算的工具职能,将预算看作政府管理职能的延伸、上级政府对下级政府管理(抑或政府自我管理)的一种手段、方式。

和公共资源(医疗保障、环境保护、教育、养老)均衡配置,促进城镇化健康发展。

2014年,国务院发文指出:"加大政府性基金预算、国有资本经营预算与一般公共预算的统筹力度,建立将政府性基金预算中应统筹使用的资金调入一般公共预算的机制,加大国有资本经营预算资金调入一般公共预算的力度。"[①]财政部明确要求:"(一)加大政府性基金预算与一般公共预算的统筹力度。从2015年1月1日起,将政府性基金预算中用于提供基本公共服务以及主要用于人员和机构运转等方面的项目收支转列一般公共预算,具体包括地方教育附加、文化事业建设费、残疾人就业保障金、从地方土地出让收益计提的农田水利建设和教育资金、转让政府还贷道路收费权收入、育林基金、森林植被恢复费、水利建设基金、船舶港务费、长江口航道维护收入等11项基金。对继续纳入政府性基金预算管理的支出,加大与一般公共预算支出的统筹安排使用。结合政府性基金预算安排情况,统筹安排一般公共预算相关支出项目。政府性基金预算安排支出的项目,一般公共预算可不再安排或减少安排。对一些一般公共预算和政府性基金预算都安排支出的项目,应制定统一的资金管理办法,实行统一的资金分配方式,避免交叉重复。盘活存量资金,将政府性基金项目中结转较多的资金,调入一般公共预算。(二)加大国有资本经营预算与一般公共预算的统筹力度。完善国有资本经营预算制度,提高国有资本收益上缴公共财政的比例。2020年提高到30%,更多用于保障和改善民生。(三)加强一般公共预算各项资金的统筹使用。结合税费制度改革,完善相关法律法规,逐步取消城市维护建设税、排污费、探矿权和采矿权价款、矿产资源补偿费等专款专用的规定,统筹安排这些领域的经费。"[②]

根据财政部《2014年财政收支分类科目》规定,公共预算支出科目包括一般公共服务支出、外交支出、国防支出、公共安全支出、教育支出、科学技术支出、文化教育与传媒支出、社会保障和就业支出、医疗卫生支出、节能环保支出、城乡社区支出、农林水支出、交通运输支出、资源勘探电力信息等支出、商业服务业等支出、金融支出、援助其他地区支出、国土海洋气象等支出、住房保障支出、粮油物资储备支出、预备费、国债还本付息支出、其他支出和转移性支出。[③] 随

① 《国务院关于深化预算管理制度改革的决定》(国发[2014]45号)。

② 《关于完善政府预算体系有关问题的通知》(财预[2014]368号)。

③ 参见中华人民共和国财政部:《2014年财政收支分类科目》,中国财政经济出版社2013年版,第2～7页。

着公共服务需求日趋多样化和精细化，有限的公共服务供给与人民群众日益增长的需要之间的矛盾越来越突出。“现代政府的实质是服务型政府。政府职能的公共性和有限性都决定了政府职能的根本内容是公共服务。政府只有通过提供充足优质的公共服务，才能证明自己存在的价值与合法性。”[①]事权是享有财权的基础，财权是履行事权的充分保障。政府要支持地方新型城镇化的发展，履行相应的事权，而这些事权大多刚性较强，很多支出来源于中央政府的命令。而这些所需支出基数大，增长也快。现在地方政府财政收入的增长速度远远不能满足需要，这种矛盾和困境迫使地方政府必须合理预算，提高资金使用效率。

2015 年，中央经济工作会议围绕全面建成小康社会的目标提出了“新常态”这个我国经济发展的大逻辑，是对发展现状的一个重大研判。因此，对待新型城镇化这个重大任务，应坚持稳中求进的总基调，培育发展动能。宏观政策方面要“阶段性提高财政赤字率”，增加必要的政府支出，提高城镇化率。

2015 年 11 月 3 日，《中共中央关于制定国民经济和社会发展第十三个五年规划的建议》明确了 2016～2020 年经济社会发展的宏伟蓝图，提出了深化财税体制改革方案，从支出责任角度出发，适度加强支出责任。在新型城镇化方面，促进城镇化水平提高，促进有能力在城镇稳定就业和生活的农业人口进城落户。

二、新形势下的新要求

一方面，新型城镇化是一种区别于传统发展模式的基层社会发展的演进形式，要求遵循经济社会发展规律，采取更为有效的方式来实现城乡发展的目标。这种发展不只是要实现某一产业、某一地区的跨越式发展，其最终目的是形成经济和社会齐头并进、相互支撑、相互协调的城镇发展模式，力争实现社会的平衡协调发展。预算，简而言之，就是国家筹集和配置财政资源的计划或者安排，其基本功能在于如何有效地配置有限的财政资源。一个国家的治理能力在很大程度上取决于它的预算能力，即汲取财政收入并按一定方式进行支出的能力。按照我国财税法学界的通说，预算是经法定程序批准国家各级人民政府和实行预算管理的各部门、各单位一定期间的财政或财务收支计划。在分税制财

① 李军鹏：《公共服务型政府》，北京大学出版社 2004 年版，第 198 页。

政管理体制已经建立、地方政府预算支出已经占到预算总支出的70%的情况下，相对于其他财政方面的权力下放状态，地方在预算管理上缺乏充分的预算自主权。完善预算管理制度体系，就是用立法来保障地方政府拥有明确而稳定的预算收入来源，保证新型城镇建设所需资金的可预期性。

另一方面，公平是法律所追求的基本价值之一，也是新型城镇化发展所要实现的基本要求。实现社会公平就是要使利益在全体社会成员之间合理而平等地分配。公平理念既涵盖分配的公平，即利益、责任、社会地位等在社会成员之间的分配，也蕴涵矫正的公平，即在社会成员间重新建立起原先已经确立起来又不时遭到破坏的均势和平衡。在资源分配领域，只强调机会公平会带来差距的扩大、两极分化的严重，影响社会的稳定。我国长期以来的"城乡二元结构"导致城乡二者隶属两种不同的资源配置制度，致使统一的市场体系发育不健全，生产要素流动性差，农村为城市的发展作出了利益让步，而农村自身则积贫积弱，城乡差距越来越大。新形势下倡导的公平理念必须要以实质公平、结果公平为核心。由于制度与市场的双重剥夺使农民在市场活动中只能处于弱势地位，很难通过自身的努力实现收入的增长进而缩小城乡差距。因此，只有坚持实质公平理念，通过权力与制度的倾斜配置，才能达到城镇收入的实质公平与结果公平。同时，在"效率优先、兼顾公平"原则下发展起来的社会主义市场经济，已经实现了效率目标，但在公平目标上存在巨大差距，忽视调控下的公平。因此，应当完善预算管理制度体系，规范收入分配秩序，更加注重社会公平，着力提高低收入居民生活水平，缩小发展差距，实现社会的可持续发展。

全面推进依法治国，当其延伸到预算领域时，表现为一整套由法律加以界定的正式预算程序和规则，公共资源在这套程序和规则的支配下年复一年地进行运作。就我国的新型城镇化发展而言，就是通过预算保障公民对公共支出的知情权和监督权，以及实质意义上控制公共支出决策的权利，实现城镇化建设目标。

第三节　预算管理制度不完善阻碍新型城镇化的发展

不可否认，预算法及预算法实施条例施行以来，我国财政制度不断完善，公共财政制度体系日趋与社会主义市场经济体制相适应，而作为该制度体系的基础——预算法，更是为城镇化持续健康发展发挥了重要作用。但是，在新型城镇化推进过程中，依然存在预算管理制度不完善的问题，阻碍了新型城镇化的可持续发展。

一、预算管理制度的完整性仍有欠缺

预算体系不够健全，公共收支的规范化体系有待建立。预算法规定，预算收入包括：(1)税收收入；(2)依照规定应当上缴的国有资产收益；(3)专项收入；(4)其他收入。一般公共预算支出按照其经济性质分类，包括工资福利支出、商品和服务支出、资本性支出和其他支出。按照其功能分类，包括一般公共服务支出，外交、公共安全、国防支出，农业、环境保护支出，教育、科技、文化、卫生、体育支出，社会保障及就业支出和其他支出。这些收支仅仅是通过列举进行了规定，并未细化制度设计。某些地方政府为了达到预算平衡，在收入与支出上仅列明几个关键项目，剩余的用“其他项目支出”来平衡预算，民众对资金的用途和方向并未明晰。目前，我国所公开的预算信息内容相当贫乏，仅公布了预算报告一项信息，其他重要项目以及特别事项没有公开，具体表现在：(1)公众普遍关注的津贴、补贴和奖金的项目明细支出内容和公务人员差旅费用项目的明细支出内容往往不予公开，公款私用现象屡禁不止；(2)财政信息无法反映政府债务金额；(3)准财政信息(包括直属各国有企业集团年度合并利润及利润分配)的不予公布使公众无法获得国企的价格补贴、经营盈亏状况、金融市场资金流动率和方向等信息。这种信息严重不对称状况不利于新型城镇化的发展和农民“市民化”路径的开拓。

二、财政管理的法治性和绩效性不突出

科学理财、民主理财、依法理财的理念和原则虽已明确提出，但实际工作中还有相当差距，存在重收轻支、重分轻管的现象。如财政转移支付等方面的法律尚未出台，部分税收立法层次偏低，预算法等滞后于新形势，一些财税法律法规与其他法律法规不尽协调；财政管理比较粗放，资金运行透明度低，全过程、全方位监管机制有待健全，铺张浪费问题时有发生，资金使用效益尚需提高；等等。我国自1994年分税制改革以来，国家收入分配体系以及中央政府和地方政府财政收入之间的比例关系发生了重大改变。但由于分税制改革并不彻底，其负面影响在随后的经济发展中凸显出来。分税制对收入进行了明确的划分，但对支出责任并没有作出明确的划分：财权大幅上收至中央政府，而事权层层

下放给地方政府。对于财政收入，中央政府占有大部分，中央财政宽裕；地方只分得小部分，地方财政捉襟见肘，明显违反事权与财权相结合的原则。该原则是指在划分财政收支权时必须以各级政府的事权为基础，根据事权的大小来划分财政收支权。我国的预算法实施带有明显的"权力本位"与"行政执法"思维。

我国目前的预算调整存在不规范现象。《预算法》第 4 条规定："政府的全部收入和支出都应当纳入预算。"其主要包括一般公共预算、政府性基金预算、国有资本经营预算和社会保险基金预算四类，政府性基金预算、国有资本经营预算和社会保险基金预算要与一般公共预算相衔接。一般公共预算是对以税收为主体的财政收入，安排用于保障和改善民生、推动经济社会发展、维护国家安全、维持国家机构正常运转等方面的收支预算。但实践中，政府性基金预算并未完全按照"以收定支，专款专用，结余结转使用"的原则管理，政府性基金收入不足以满足特定支出需求。社会保险基金被挪用现象时有发生，存在巨大缺口，公共财政预算监管亟待加大力度。

三、预算管理制度的透明度亟待强化

目前地方预算审查还缺乏透明化的程序以及具体操作规则，以保障预算监督具有实质性内容，而不流于形式。地方预算审查并不直接涉及中央与地方之间的关系，而是一个关于地方人大对地方政府的监督是否有效，或者说是地方的民主性构造在运行过程中是否有效的问题。地方预算自主权在内容上包括预算编制自主权、预算批准自主权、预算执行及监督自主权、预算调整自主权以及有关预算的地方立法自主权等。

也正因为如此，新预算法明确确立了各级政府全部的收入和支出都纳入预算的全口径预算管理体系。此后，为了认真落实各项财税改革措施，合理推进预算管理制度改革，国务院于 2014 年 9 月 26 日发布了《关于深化预算管理制度改革的决定》，更加具体地提出加强财政收入管理、清理规范税收优惠政策、优化财政支出结构、加强结转结余资金管理等全面预算管理方面的内容。

2015 年施行的预算法健全了国家对预算的管理，实现了国家的宏观调控。国家实行一级政府一级预算，设立了五级预算。预算法作为财政领域的基础性法律，对新型城镇化建设提供了重要的制度保障。《预算法实施条例》(修订征求意见稿)的公布，强调了预算平衡原则，督促预算要合理安排。预算应当根据年度城镇化发展目标和预算平衡需要，参考上一年预算执行情况、有关支出绩效评价结果和收支预测,经法定程序征求意见后进行科学编制。完善预算管理制度,细化预算的组成结构,确立全面预算管理原则,以预算规范政府的全部收支,不仅是深化预算管理制度改革、实施全面规范且公开透明的预算制度、深化财税体制改革、建立现代公共财政制度的迫切需要,同时也是完善社会主义市场经济体制、加快转变政府职能、推进政府治理体系现代化、实现新型城镇化建设的必然要求。预算不仅是政府维持自身各个部门运转的财政收支计划,还担负着为广大公众提供公共产品、调整收入再分配的重要职能。

第四节　突出预算保障重点　完善财政预算制度体系

预算法作为一种规范政府提供公共产品之工具,在新型城镇化进程中必大有可为。地方政府依法预算,为新型城镇化的实现提供多样化的社会服务,逐渐成为政府提高公共服务水平的重要途径。在推行预算法过程中,不可避免地会出现各种问题和障碍。因此,在对现状及存在问题进行分析后,对其发展与完善提出改进建议,是十分有必要的。

一、依法预算,明确政府职能定位

在政府推进新型城镇化进程中,政府作出相应的职能调整,要契合新型城镇化对政府转型的必然要求,形成政府治理的新模式。在城镇化建设中,政府从全能政府走向规范型政府,从管理政府走向控权政府,合理规划和引导公共服务的供给,满足新型城镇建设对公共服务日益增长的需求。预算权可归纳为一个国家或地区的议会和政府根据宪法和法律规定的条件和程序,就统一的财政收支计划的编制、审批、执行、调整及其执行结果进行审议,进而作出决定的一系列权力,包括制定、实施征税和拨款法案的权力。根据不同的标准,预算权可以分成不同的类别:除了可以概括为预算的编制权、审批权、执行权、调整权和监督权等五种权能外,还可以归纳为预算的决策权、执行权和监督权。[①] 社会正义原则的主要问题是社会的基本结构,是一种合作体系中的主要社会制度安排。这些原则要在这些制度中掌管权利和义务的分派,决定社会生活中利益和负担的恰当分配。[②] “在现代国家财政制度里,在编制预算和决算时,一般是尽

① 参见叶姗:《财政赤字的法律控制》,北京大学出版社 2013 年版,第 177 页。

② 参见[美]约翰·罗尔斯:《正义论》,何怀宏等译,中国社会科学出版社 1988 年版,第 55 页。

可能多地列出包含项目，通过其项目和结构，即可洞察其国家的政策指向和财政性质。”①

地方政府在新型城镇化过程中可进行债券融资，应当统筹安排使用方向。鉴于地方政府债券融资的公益性特质，按照政府收支分类科目划分，地方政府债券融资支出选择应以民生领域为主。

法律制度的重要性在于为实践操作提供心理预期和制度保障。随着地方政府债券融资及平台公司融资行为的不断出现，急需在制度层面对政府行为、债券融资主体的权利、义务、责任作出合理安排，保障各方主体的利益，引导地方政府债券融资的方向，把握债券融资的尺度。在地方债务不断扩大的背景下，当传统的单纯的行政控制和契约调整出现困境时，经济法律制度为地方政府债券融资的法律规制提供了新的可能性，使经济法律制度能够在地方政府债券融资的法律规制中有所作为。

二、有效衔接，完善预算制度体系

预算应综合反映政府以行政权力和国有资产所有者身份集中社会资源的规模和份额。新型城镇化的推进要形成由公共财政预算、国有资本经营预算、政府性基金预算和社会保障预算等组成的有机衔接、完整的预算制度体系。各级政府全部收入和支出都应按照预算制度体系框架，列入本级政府预算。特别是要将保留的收费、基金等所有非税收入全部纳入预算实行规范管理，取消预算外资金。在预算编制和分配过程中，坚持财权统一的导向，便于有机衔接、统筹安排，防止政出多门、财力分散，同时研究建立中期(3～5 年)滚动预算编制和报送制度。在继续提高国民经济和社会发展计划草案编制水平的同时，努力增强预算编制特别是支出安排的科学性和准确性。

新型城镇化发展要正确衔接政府投资事宜。政府的公共职能之一是提供高效便捷的公共产品和服务，以确保社会的良性、可持续发展。某些地方政府盲目热衷于新型城镇化的基础设施建设，特别是工业经济建设，因此耗费了大量政府资金。而真正应当受到重视的社会民生问题资金支出比例较小，这正是预算超支的根本原因。因此，应加速制定《政府投资条例》，以防止地方政府资金的滥用，对地方政府的职能作进一步的明确，将政府投资新型城镇化项目中

① ［日］岩井茂树：《中国近代财政史研究》，付勇译，社会科学文献出版社 2011 年版，第 33 页。

的重心由城市建设型转变为公共服务型，并清楚界定市场与政府职能的边界，逐步构建完善的预算监督体系，加强对政府投资项目的管理，切实增强政府投资项目的收益，杜绝政府资金流失和城镇化扭曲风险。

新型城镇化发展要科学衔接财政支持和社会参与的关系。城镇化建设过程中，要切实发挥财政保障功能，减轻群众负担，同时也要考虑城乡需求具有多样性、多层次和不断变化等特性，调动各类市场主体和社会组织的积极性，充分发挥市场机制的作用，形成多元化的民生投入机制。第一，村镇企业、农村合作经济组织等为带动农村经济发展、增加农村劳动力就业做出贡献的，必须给予优惠政策，同时将优惠部分让利于农民。第二，当前分配政策中，劳动收入占总体收入比重过低，且劳动收入比逐年下降，农民工收入相比则更低，对于农民工收入所得要免征税费，以提高其收入。第三，在城镇居民中，要规范对其隐性收入的征税，纳入税收征收的轨道。对于城市投资农村建设房地产者要提高税率，开征房地产增值税等。降低劳动税收，提高资本税收。第四，在财政转移上，以促进社会公平为目标，加大对农村的财政转移支付，完善现行财政转移支付法律制度，使城乡在基本公共服务能力方面逐步达到均等化。第五，引入农民利益表达机制，根据农民需求，保持农村准公共产品供求均衡，以避免政绩工程，提高资金使用效率。确保农村最基本的公共设施如水、电、路的到位，让农民更加公平地通过社会财富分配缩小城乡差距。第六，提高公共服务水平，降低公共服务收费，扩大免费服务范围，增加公共产品种类与数量，以全面增强农户抵御风险灾害的能力。第七，加大对“三农”的补贴。我国对“三农”的补贴还远远不足，通过加强“三农”补贴，加强农业综合生产能力建设，提高农民收入。第八，通过法律制度将城镇化进程中各方的收入分配制度化、法律化，且具体化为基本权利义务，实现对资源、社会合作的利益和负担进行权威性的、公正的科学分配。

三、优化支出结构，突出预算保障重点

预算编制要体现优化财政支出结构的要求。从我国经济社会发展阶段的实际出发，根据有限政府理念，坚持有所为有所不为，充分发挥市场在资源配置中的基础性作用，合理界定支出范围，集中资金用于加强经济社会发展的薄弱环节，强化公共服务和社会管理。按照广覆盖、保基本、多层次、可持续的原则，重点加大对“三农”、教育、医疗卫生、社会保障和就业、保障性住房等公共服务领域的投入，优先保障和改善民生。

第一,处理好增加投入和制度建设的关系。制度具有根本性、长期性、稳定性,应在不断加大财政投入的同时,更加注重制度创新,建立健全保障和改善民生的长效机制。但值得注意的是,土地财政的重要中心,即土地出让金,现仍未纳入预算法的调整范围。这意味着土地出让金无法接受法律的监督,导致了目前我国土地出让金的流向、管控及分配的非规范性和不透明化。

第二,城市综合交通网络建设的预算支持。在上一财政年度,将街区路网结构、快速道路、主次干路等路网系统的优化列入预算,为发展公共交通留足资金。大型城市要对公共企业、轻轨和地铁的建设列入预算,解决城市轨道快速交通系统和非机动车道交通系统的建设,缓解城市拥堵问题。

第三,城市地下管网改造和海绵城市建设工程的预算。(1)电力、通信、光电、排水、供热等地下基础设施工程预算,为了防止重复建设,要同步建设地下综合管廊,引入民间资本投资道路和运输管廊。(2)为了城市安全和利用城市资源,改善环境恶化状况,修复生态系统,对海绵型基础设施建设作出相应的预算。

第四,提升城市公共服务质量预算。在教育方面,根据新型城镇化布局,按照人口增长和密度,对城镇中小学校和幼儿园建设的投入要适度增多,同时要积极引入企业组织和社会力量投资教育,让更多的适龄上学群体享受教育资源。在公共资源方面,加强医疗卫生机构、文化设施供给和社会服务建设,解决人民群众普遍关心的养老难、看病难、上学难问题。这些城镇公共服务的供给都应列入预算,增加社会福祉。

第五,增加新农村建设的预算。加快农村教育、医疗保障、民俗文化等事业发展,推进城乡基本公共服务均等化。搭建多层次、宽领域、广覆盖的农村第一、第二和第三产业融合发展服务平台,延伸产业链条,打造农业新型发展模式,推进农村公共服务和产业发展的深度融合。

四、强化预算公开,增强预算透明度

按照新预算法的规定,改进预算管理,进行制度机制建设,从而实现预算制度全面规范、公开透明。在预算执行中,若发生突发事件,需要增加预算支出的,各级政府可以进行预算调整。政府收支分类科目,收入分为类、款、项、目;支出按其功能分为类、款、项,按其经济性质分为类、款。通过预算程序的法定化,实现新型城镇化预算支出的“显性化”,建立健全统计报告制度和信息公开制度,提高地方政府的财政透明度。预算过程包括预算的编制、审批、执行和评

估审计四个阶段。预算过程应向公众及其代表公开，公众及其代表要全程参与预算过程，这样才能最大限度地实现对预算的监督。通过预算编制、审批、执行的公开，使得政府的收支行为完全处于社会公众和权力部门的监督之下，防止财政支出中出现浪费和缺乏效率等情况。具体而言，在预算编制阶段，我们应当以一定形式向社会公众公布，保证公众享有民主参与的机会。要建立实时、全面、准确的政府收支统计报告制度。按照《政府信息公开条例》的要求，及时向社会公布财政收支统计数据，以及经人大审议通过的政府预决算、部门预决算和转移支付安排情况，主动公开财政规范性文件以及有关财政政策、发展规划等，并依法接受人大、审计监督。新型城镇化进程加快，政府面对城镇化这一重任，将尽量增加预算投放，财政收入划分将适当对新型城镇化倾斜，为地方财政特别是基层财政的运转、履行事权及发展留下必要的空间。通过加快改革以稳定市场预期，释放经济增长红利，激活社会资本来为稳定增长助力。

五、拓宽支付方式，引导公共服务供给

财政转移支付是政府的另一个直接有效助推新型城镇化发展的手段。应该建立一个专门的财政转移支付项目，对有益于城镇化发展的行业和领域给予适度的财政补贴。新型城镇化是一项需要支出大量资金的系统工程，财政转移支付制度可以通过对城镇产业、环保产业、教育产业等进行鼓励和支持。利用“绿箱”政策和反补贴协定，对农业提供科研服务和进行结构调整，对技术改造进行补贴。因此，构建“一般性支付＋专项支付”的财政转移支付制度，能够为新型城镇化提供有力的资金支持。

政府间转移支付制度是分级财政管理体制的重要组成部分，是处理中央政府与地方政府及地方政府之间的财政分配关系、实现财力均衡的基本手段，其集中体现了社会责任本位和平衡协调理念的精神。目前，我国现行转移支付制度主要有四种形式：一是体制补助和上缴，二是一般转移支付，三是年终结算补助或上缴，四是专项补助。其中前三种统称“财力性转移支付”，第四种专项补助也称为“专项转移支付”。此外，还有一种特殊形式——税收返还。[①] 世界各

① 2009年起，我国进一步完善财政转移支付制度，简化为一般性转移支付、专项转移支付两类。其中，一般性转移支付包括原财力性转移支付，主要是将补助数额相对稳定、原列入专项转移支付的教育、社会保障和就业、公共安全、一般公共服务等支出，改为一般性转移支付，而原来的一般性转移支付改为均衡性转移支付。

国的政府财政转移支付大都采取复合型,即多种转移支付手法的综合运用。鉴于我国新型城镇化规模不断扩大,笔者认为,应建立以一般性转移支付为重点,专项支付相配合的转移支付体系,增加政府财力。

（一）一般性支付

均衡性转移支付:采用"因素法"以及公式化模式进行计算,规范分配依据,提高分配透明度。引入人口数量、辖区范围、人口密度、自然环境状况等不容易被人为控制的客观因素,设置适当权重和比例,用科学的计量公式取代人为分配。支付资金予以分配后,将融资资金转化为地方财政的可用财力,并纳入地方财政预算管理中,由各地方统筹安排使用,并在一定时期内保持相对稳定。另外,税收返还和财力性转移支付应纳入均衡性转移支付中。[①]

激励性转移支付:在保持已形成各地方财力基数不变,即一般性转移支付资金存量不变的条件下,将一般性转移支付资金增量中的一定金额作为激励性转移支付,目的是促进不同地区城镇化因地制宜的发展,减小财政依赖系数。

（二）专项支付

首先,应合理界定专项支付的范围,对支付的项目进行整合,直接纳入预算管理中。同时,整理现有的专项支付项目,定期清理到期的专项转移支付项目,取消已经过时不用的项目,整合功能重复的项目,并建立严格的专项转移支付项目准入机制。新增项目须报经国务院批准,减少专项转移支付项目的随意性和盲目性。其次,规范专项支付的分配机制。一是加快建立自下而上的专项支付的基础数据统计分析体系,建立专项支付的基础数据稽查机制,增加专项资金分配依据的科学性。二是严格专项资金预算管理,增强专项资金预算约束。财政转移支付的终极目标是向社会提供相对均等化的公共产品和服务。具体而言,就是理顺财政价值,弥补地方政府经常性财政支出的缺口,确保为辖区提供基本的公共服务,促进社会平稳健康发展。发展是财政之源、民生之本,而财政是促进新型城镇化发展的重要因素。因此,应紧紧围绕发挥预算管理制度的保障和调控作用,加强预算法制建设,借助财政政策放大、叠加和强化效应,通过预算管理制度将调控经济、资源配置和公共物品供给等几大功能有机结合,

① 财力性转移支付中的大部分内容,如调整工资转移支付、农村税费改革转移支付、县乡奖补转移支付、退耕还林转移支付等,都是特定改革和政策措施下增加的转移支付。随着政策的调整而变动,就其性质来说,大部分属于普遍的、固定的和不断增长的支出,都可以纳入均衡性转移支付之中。

为城乡发展提供必需的公共产品。

综上所述，由于新型城镇化建设具有不均衡性，加之地方财政“有贫有富”，造成了公共产品供给的不均衡。均等化的文化教育和医疗卫生等基本公共服务、完善的能源和交通及通信等基本设施、充分的劳动力资源流动、“恶性贫困循环”的防控都是新型城镇化发展的诉求。在全面建成小康社会的决定性阶段，必须满足这一诉求，关注社会整体利益与长远发展需要，把人的发展与经济的发展有机结合起来，使新型城镇化进程中的经济、社会、文化、人口、资源、环境等诸多方面协调同步发展。在预算管理中，应当进一步对资金分配的原则、方式、程序、使用主体、责任等进行更为详尽的规定，以保障社会经济可持续发展，保障城乡一体化平衡协调发展。通过财政、税收等手段，对落后地区进行补贴和优惠。在产业法上，要求制定适合新农村建设的方针政策，鼓励和支援发展自身特色产业和优势产业，缩小城乡差距。预算管理制度在新型城镇化发展中的功能发挥不仅在经济领域，同时也关注社会领域，以维护社会整体正当利益，保障城乡一体资源配置均衡。由此可见，财政法尤其是财政法中的“龙头法”——预算法，其特有的资源分配内容对于社会正义目标的实现更具有特殊性。地方政府通过编制预算，优化新型城镇化发展的基础设施建设，改造重点行业技术水平，促进高新技术产业化，对于推动城乡经济社会发展意义重大。随着地方政府在满足社会公共需求上的追求，预算法具有了独特的调整功能，正义价值的社会目标意义更加凸显。正因为如此，预算法治的完善能弥补地方政府贯彻国家发展策略、支持地区民生建设、促进经济结构调整等政策要求上的资金诉求。推而论及新型城镇化建设，也应当符合社会正义之目标要素，预算法是分配正义的基本保障，预算的法律调整必须控制在社会正义目标范围之内。

第九章

健全金融法治体系　推进新型城镇化发展

第一节　新型城镇化中金融法治功能

毋庸置疑,良好的金融市场会对经济社会发展产生促进作用。新型城镇化是一种与工业化良性互动的进程,与农业现代化相互协调,城市生活方式向农村推进的生产发展、生活富裕的文明发展道路,最终要实现速度和结构质量效益相统一、经济发展与人口资源环境相协调。城镇化对经济社会发展意义重大,虽然我国新型城镇化建设取得了卓越成就,城镇化率显著提升,但我国城镇化的推进依然亟待在比率和效率方面得以提高。当前,在保障新型城镇化健康稳定发展和"十三五"规划阶段,全面深入推行新型城镇化目标和任务更为艰巨,需要持续发力。新型城镇化发展不可缺少的两大驱动是政策驱动和资本驱动。金融法可实现对金融资源的有效配置,理应得到足够的重视,尤其是在现代金融在一国经济体系中已占据重要地位的情况下,金融已经不再是简单的资金融通与借贷关系,金融资源的配置在很大程度上从整体影响着资源配置的格局。充足的资金保障必须依托法律制度这一顶层设计作为支撑,新型城镇化才能有效落实资金供给。健全金融法治可有力地促进产业转型发展,符合社会构建需求,具备经济支持、财力保障、气候调节、农村金融多元功能。新型城镇化作为一种新的农村社会转变模式,其发展离不开金融市场的有效扶持,更需要金融法治的大力支撑,以推动其可持续发展。

一、新型城镇化进程中的金融需求

十八大报告提出，坚持走中国特色新型工业化、信息化、城镇化、农业现代化道路，使新型城镇化和城乡一体化成为社会各界关注的重点。2011～2014年的城镇化率如表9-1所示。

表 9-1　　2011～2014年年末人口数及其构成　　单位：万人

指标	2011年	2012年	2013年	2014年
全国总人口	134735	135404	136072	136782
城镇	69079	71182	73111	74916
乡村	65656	64222	62961	61866

新型城镇化作为全面建设小康社会的一项重大战略，在城乡统筹、以城带乡、城乡一体化的过程中，必然伴随着产业支撑、人居环境、社会保障、生活方式等方面实现由“乡”到“城”的转变，也必然衍生出不同的金融需求，为新一轮的货币资本运作和拓展金融服务领域提供了机遇。

新型城镇化是城市化进程在区域经济社会发展中的体现，是农业、农村、农民经济社会生活的一种新的发展模式。对新型城镇化进程的厘定需要遵循以下原则：从农业生产经营方式上看，农业应具有在农业生产、经营中减少能源消耗，减少碳排放的效用，实现节肥、节药、节水、节能，同时增强农田土壤的碳汇功能；从农村的公共产品和服务发展上看，新型城镇化能实现基础设施的一体化和公共服务的均等化，促进城乡统筹和区域协调发展，可以在更大范围内实现土地、劳动力、资金等生产要素的优化配置，推动农业规模化、产业化；从农民生活福祉增进上看，通过增加农民人均资源量，提高农民劳动生产率和产品商品化率，以提高农村经济社会整体发展水平。新型城镇化是全面建成小康社会的重要举措，也是推进现代化的重要标志。十八大提出的工业化、信息化、城镇化、农业现代化“新四化”，需要杜绝规模扩张，亟待通过集约、智能、绿色、低碳，实现经济社会健康有序发展。资本是维持并不断促进经济社会发展与增长所必需的金融基础，新型城镇化进程中对资本市场的依赖更甚。城镇化进程中的金融需求倒逼改革，倒逼财政税收改革，倒逼产业结构调整，进而释放农村潜能。

二、金融制度的发展与其在新型城镇化中的定位

由于法律具有稳定性、普遍性和统一性，它在解决社会各类矛盾和冲突中有着较之经济手段和行政手段不可替代的优势。法治作为社会的制度性力量，为经济发展公平分享机制的设计提供稳定、强制的保障。近年来，金融行业紧紧围绕区域经济特点，强化指导，及时跟进，创新支持方式，积极支持资源型城市转型、棚户区改造和城乡一体化，城镇化的金融支持举措屡屡推出，力度不断加大。金融机构完善服务体系，加大投资力度，为低碳农业与金融的"产融对接"发挥着积极作用。在农业生产、经营过程中，金融支持新型城镇化发展的具体措施有以下几项。

（一）加大对农村现代化建设的金融支持，推进乡镇经济规模化经营

金融业以优势产业和重点行业为载体，以农业为抓手，加大金融支持力度，充分发挥连接城乡金融的纽带作用，有力地支持了新型城镇化建设。新型城镇化和新型工业化不可割裂，二者都面临较大的金融需求，金融产业通过积极介入乡镇基础设施建设和重大项目，不断拓宽金融服务力度，加大资金投放数量，切实增强对农村经济的金融支持力度。通过推行农村改革，针对农村土地使用产权制度，尊重农民意愿，实现土地流转。在流转土地抵押权融资方面，创新推出农村土地经营收益权抵押贷款，满足农村现代化进程中的金融需求。新型城镇化的新农村建设的宏伟目标在推进我国城乡一体化和新农村建设的背景下，再次审视城镇股份合作企业这种企业形态，正好适应了当前大量村民置换宅基地进入城镇成为居民、解决相关就业的需要。设立该制度不仅能有效地推进农村土地使用权流转的实施，为进城农民提供就业机会，保障他们的生活和切身利益，促进城镇化进程，同时也为我国的企业制度改革与创新闯出一条新路。从城镇股份合作制企业发展的实践来看，股份合作制企业在股权设置、表决方式和利润分配等内部治理结构和机制方面适合农村和农民的实际状况，因而新型城镇化进程中发挥股份合作制优势可以激活市场活力，提高社会资本的利用率。

(二)加大对城镇企业的金融制度保障力度,推进小城镇产业化

依照资金来源,城镇中企业的融资方式可分为内源性融资[①]和外源性融资[②]。外源性融资可分为直接融资和间接融资。直接融资包括股权融资和企业债券融资两种方式,它是资金使用者与资金提供者直接交易的融资方式。间接融资是利用金融媒介进行融资,它依靠专业化的金融中介在贷前甄选借款对象,通过贷款合约来约束借款者,并事后对资金使用进行监督。在我国银行居主导地位的金融体制中,银行信贷融资一直是城镇化中小企业外源融资的主要渠道。国家出台了大量的扶持城市和乡镇企业组织发展的政策,人民银行也相应地采取了一系列加强和改善金融服务的政策和措施,融资环境较以前有了很大的改善。针对我国企业组织,法律保护主要通过以下法律机制及政策体现:针对性强的立法主要有《中华人民共和国中小企业促进法》和《大中小型工业企业划分标准》,《公司法》《证券法》《知识产权法》《城镇集体所有制企业条例》和《乡镇企业法》中也有涉及。其中,《中华人民共和国中小企业促进法》是中小企业法律中的基本法,对保障和促进中小企业的发展具有重要的意义。其明确了立法目的:改善中小企业经营环境,促进中小企业健康发展,扩大城乡就业,发挥中小企业在国民经济和社会发展中的重要作用,并将"国家对中小企业实行积极扶持、加强引导、完善服务、依法规范、保障权益的方针,为中小企业创立和发展创造有利的环境"作为指导思想,为中小企业的发展创造了前所未有的空间。2002 年 6 月 29 日,第九届全国人大常委会第二十八次会议通过了《中小企业促进法》,并于 2003 年 1 月 1 日起施行。该法的颁布是我国中小企业专门立法的重要开端,在如何对中小企业进行资金支持、创业扶持、市场开拓、社会服务等方面作了原则性规定。相对于城市中的大企业而言,新型城镇化建设中的市场组织,尤其是小微企业研发能力弱,产品技术含量低,市场占有率有限。通过加大新型城镇化经济中的企业组织"大小"合作的金融法治支持,即大企业在发展过程中对中小企业的发展给予一定的支持和帮助,新型城镇化进程中的经济基础日渐雄厚。

---

① 内源性融资,指企业在其生产经营过程中,从其内部融通资金以扩大再生产,它包括折旧和留存收益两部分。

② 外源性融资,也可称为"外部融资",是指企业通过一定方式从该企业外部融入资金用于投资的方式。

（三）推进区（市）驻地城市化，强化住房保障制度

我国人多地少，城市化的加速化发展、城镇人口的增长与城镇化使得农村剩余劳动力向城市不断转移，城市人口大量迅速集中，直接造成了城市住宅的紧张。[①] 这是现代化过程产生的必然阵痛，中国“安居乐业”的传统思维造成了对住房的刚性需求。我国住房供给机制改革的一个里程碑是1998年《国务院关于进一步深化城镇住房制度改革加快住房建设的通知》。在该文件中，国务院大力推行住房制度改革，市场化住房调节机制取代福利分房分配机制，但其目的却是通过大力发展房地产业来拉动经济增长，以应对1997年亚洲金融危机所带来的经济增长压力。所谓的住房市场化改革一开始就是政府机会主义的产物，并非致力于解决绝大多数老百姓的安居问题。近年来，政府对于房地产市场的宏观调控以及颁布的众多规章文件[②]，将房地产业定性为“国民经济的支柱产业”，并视之为圭臬，不断强化其民生取向以及政府要在百姓安居中所扮演的公共角色。

（四）实施金融服务配套化机制，推广小额信贷政策

新型城镇化过程中，要大力发展基础设施，完善公共服务体系建设。同时，提升医疗、保险、教育等社会保障事业和城镇化中的产业发展能力，都需要大量的资金。对此，小额信贷应运而生。小额信贷具有以下特征：第一，政策性。小额信贷是以保障弱势金融消费者权益为目的，具有很强的政策性。第二，信贷方式的便捷性。小额信贷集合了便捷性优势，其放贷流程简单便捷，资金到位快，在贷款程序上比普通的贷款简单。第三，服务对象的定向性。小额信贷主要针对的是微型企业、农户，服务对象上具有限定性。第四，信贷的无息性、低息性与资助性。小额信贷主要的目的是帮助城镇化进程中的微型企业、发展当地经济或循环经济，贷款往往具有无息性、低息性与资助性的特征。在信托市场，信托机构通过积极进行业务创新，以设立“资金池”形式，引导保险资金、养老基金及社会闲散资金参与国家新型城镇化建设。通过进行城镇化金融专项

---

① 参见周珂主编：《住宅法研究》，法律出版社2008年版，第15页。

② 例如，2003年6月中国人民银行出台的《中国人民银行关于进一步加强房地产信贷业务管理的通知》、2003年9月国务院出台的《国务院关于促进房地产市场持续健康发展的通知》、2005年的《国务院办公厅关于切实稳定住房价格的通知》《国务院办公厅转发建设部等部门关于做好稳定住房价格工作意见的通知》和2006年的《国务院办公厅转发建设部等部门关于调整住房供应结构稳定住房价格意见的通知》等文件。

业务试点，不断纠正经营风险偏好，扩大民生信托资助力度，加大城镇化金融的信贷支持。

第二节　以"市民化"为核心的城镇化金融支持的域外经验

国外对经济社会发展的市民化进程的金融支持，形成了较为成熟的经验做法，科学地搭建了相应的金融法律制度，具体经验总结如下：

一、完善金融法律体系

新型城镇化是以"市民化"为核心的城乡一体化，要形成有效率、有活力的市民化经济市场，除了需要城镇化经济加强内功、找准市场切入点、形成创新机制外，还需要一个良好的外部环境，需要有一个完善的企业市场体系和合理的企业市场制度安排。以美国为例，以小企业(美国只有大、小企业之分，不存在中型企业)为经济助推器的美国十分重视小企业立法，其以 1953 年的《小企业法》为政策基础，制定了《小企业投资法》《小企业经济政策法》《小企业技术革新促进法》等 20 多部法律法规，建立健全了小企业法律体系，为其发展创造公平的竞争环境，为融资提供了高效、全面的法律支持。美国通过完善企业市场机制，保证了城镇化中的资金需求，使市民化进程不断加快。[①]

二、搭建相关配套制度

第一，强化金融业竞争力度，向民间资本开放银行业，大力发展中小银行或地方性小型金融机构，拓宽公共事业和城镇经济的融资渠道。以地方性小型金融机构为例，其又叫"社区银行"(community bank)，指在一定地区的社区范围内按照市场化原则自主设立、独立按照市场化原则运营、主要服务于中小企业和个人客户的中小银行。[②] 社区银行具有区域性特点，它与资金需求方在同一个区域内，使其可以更容易地掌握成本和信息及变化，并迅速作出决策，以较低的成本实现较强的贷款调查、发放和管理，能够在推动自身发展的基础上，更好

---

① 参见曹昱、甘当善、李强编著:《小型企业:美国新经济的助推器》，上海财经大学出版社 2003 年版，第 6 页。

② 参见王振、孙林、虞震编著:《中小企业:日本经济活力的源泉》，上海财经大学出版社 2003 年版，第 116～121 页。

地为经济组织服务。这有效地解决了城镇化中经济组织因自身抵押资源较弱因素而导致的银行“惜贷”行为。

第二，规范担保行业的担保行为，促使担保行业有序发展。构建担保网络，加强监管，为支持城镇经济发展提供信贷担保。信用保证制度是发达国家中小企业使用率最高且效果最佳的一种融资支持制度。如日本建立了一个由地方信用保证协会（全国 52 个）和中小企业信用保险公库（由政府全额出资）组成的较为完善的中小企业担保网。中国目前的担保业发展无序，在新型城镇化建设中更加混乱，造成普遍的生存困难局面，导致新型城镇化信用担保市场日渐萎缩，招致银行业的集体业务限制。由此可见，加强行业监管，促使担保行业健康有序发展亦是新型城镇化建设中的重中之重。

三、创新土地融资机制

新型城镇化并不是发展中的中国所独自面临的问题，在西方发达国家发展的历史进程中，它们也曾经历市民化的进程。在美国农民市民化的过程中，美国政府积极推进建立农村土地补偿制度值得我们借鉴。20 世纪五六十年代，美国采取“土地银行法”，内容包括：制定 3 年耕地保留计划，农民可以将土地租给政府获得报酬，即可将土地存入“土地银行”，不得耕种或做牧场；耕地转为植树造林的，其土地存入“土地银行”可达 15 年。[①] 政府强制性休耕措施，一方面逼迫农民弃农进城，另一方面因租用土地为农民进城积累了必要的社会资本，更直接地推动了农业人口离开土地，促进了农业人口向城市转移。[②] 日本政府在国民收入倍增计划中专门制定了农村劳动力动员计划。其主要措施有：第一，通过公共机构的介入，促进农地的流转，利用规模经营，促使下层农户放弃土地所有和土地经营，离开农村，进城定居。第二，推动农业机械化，利用国家投资进行大面积的农田平整以及基础供排水设施、饲料基地的完善。第三，推行振兴区域经济政策，促进农民离农。第四，政府在各地建立许多职业训练机构，对希望外出劳动的农民进行职业培训。日本政府积极的劳动力转移政策加速了农村人口市民化的进程。[③]

---

① 参见王章辉、黄柯柯：《欧美农村劳动力的转移与城市化》，社会科学文献出版社 1999 年版，第 273 页。

② 参见王章辉、黄柯柯：《欧美农村劳动力的转移与城市化》，社会科学文献出版社 1999 年版，第 273 页。

③ 参见张季风：《战前日本农村剩余劳动力的转移和特点》，载《日本学刊》2002 年第 3 期。

第三节 新型城镇化中金融法治现状和存在的问题

在我国城镇化建设中的金融市场，金融产业日渐强化融资偏好，信贷配给非均衡趋向明显，进而引起城镇经济发展资金不足，城镇居民金融权被悬置的局面严重。

一、金融组织的二元化结构影响城镇金融机构布局

新型城镇化进程中的资金需求特点是“短、频、快、急”，政策性金融机构作为政府调控经济的手段，应根据新型城镇化发展的要求，设立专营机构，探索创新适合不同地域和不同发展阶段的融资产品和服务方式。从金融资本的流动方面来看，农村一部分资金通过县级银行和邮政储蓄等倒流城市，成为城市资本的供应地。尽管资本总量可能在数量上同整个城镇居民和企业的存款无可比拟，但这些资金对于农村的发展极为重要。由于信用社、邮政储蓄等金融机构实行“宽进严出”的信贷政策，并没有建立起科学均衡的农村“输血”机制，因此农民较难获得银行贷款。总体而言，农村存在金融机构单一、服务低端、存贷机制畸形情形，金融市场曾呈现一定程度规模错配的市场状态。各种商业银行的网点分布、证券公司的数量、保险机构的分支等金融组织和金融机构不均衡。小额贷款公司的发展面临很多制度性障碍，非正式金融从某种意义上而言成为新型城镇化过程中市场主体融资的重要途径。

村镇银行、小额贷款公司都处于谨慎的试点阶段，准入门槛高，制度障碍重重，诸多小额贷款公司都不能充分发挥其作用。实力雄厚的大型金融机构主要为大中型企业服务，而大量需要扩大规模、改进技术和更新设备的中小微企业组织却无法从正规金融机构获得资金，因而只能向非正式的民间金融服务商寻求资金支持。绿色小额信贷适宜为农户提供快捷的小额资金，政策性银行可以根据农户发展农业经济的需求与现状，与当地政府监管部门共同努力，建立有效的激励机制，对推行绿色小额信贷且成效显著的政策性银行实行奖励政策。但新型城镇化建设过程中，小额信贷政策并未得以普遍接受，微型企业、农户通过绿色小额信贷向政策性银行进行发展农业项目贷款的比重较低。

二、金融监管与金融制度供给不健全

在新型城镇化进程中的土地征用方面，作为维护城镇化进程中居民权益的

唯一利器——法律规定在土地征用的方面却寥寥无几。现行金融体制监管以“分业管理、分业经营”为模式，监管机构以“一行三会”为主，具体监管手段包括准入监管、业务监管、人事监管、违规监管、利率监管、价格监管、交易监管、信息监管等。但多元化融资机构参与金融活动较为复杂，分业监管自身会形成执法空白，易出现监管不到位的局面。专业化的监管机构对于本行业内的业务熟悉，而对跨行业或者行业中间地带业务并非完全了解，难以承担监管职责。不可忽视的是，现有法律体制对于民间融资缺乏明确法律制度引导，金融监管机制对其较难规制，导致民间融资组织泛滥，其实施的金融活动游离于法律监督之外。国外及我国台湾、香港等地区的土地征收之所以得到很好的执行，重要的一点是其有一系列完善可行的土地征收法律法规作保障。而我国目前仍旧没有一部完整系统的《土地征收法》来规范土地征收主体的权利义务关系，法律法规仅以《土地管理法》内所规定的为主，其他散见于各部门法或各行政法规之中。1998 年修订的《土地管理法》相对于 1986 年颁布的《土地管理法》来说，在土地征收补偿方面有了不少进步的地方，为土地征收提供了法律依据。但随着我国市场经济的发展，土地征收补偿制度中仍然暴露出不少不足之处，亟待完善。因此，应尽快确立一部合理而完善的《土地征收法》，来明确土地征收的性质、主体和客体，明确合理的土地征收补偿标准，制定关于土地征收补偿费科学管理和使用的原则及办法，明确土地征收涉及各方的权利义务和责任。

新型城镇化区别于城市化，在发展的过程中容易受到资金的影响。在市场经济不断深化的情况下，虽然政府每年都从政策上加大城镇化投入，但是农村经济的弱质性与低效益性依然使得商业银行举步踌躇，惜贷依旧。商业银行更多的是倾注投资回报率高的产业行业、城市地区，这是由信贷资金的特点及商业银行的资产负债管理要求决定的。一方面，商业银行的信贷资金主要来源于企业存款及居民储蓄，资金流动性大、速度快，难以满足城镇化投入的长期性要求。另一方面，城镇居民贷款存在小额性、回报率低的特点，无法与商业银行的盈利性相适应。新型城镇化作为新兴的经济社会发展模式，其贷款具有小规模、分散的特点，银行在进行信用与回报率评估时很有可能得出拒贷的分析结果。

三、内控机制和风险克服机制尚需健全

城市和乡镇区域的金融机构内控机制建设严重不平衡，存在保险公司弱于

银行、股份制机构的局面。企业违规经营、高管人员短期行为、金融机构内部人员作案等时有发生。现行银行体制和企业管理体制下,城镇金融业务中的信用化担保类中间业务"风险触发点"较多,其所囊括的不仅是对申请人资信等方面的审查,还要对法律契约性风险进行严格的防范,不易进行全面及时监测。银行业担保类中间业务风险主要表现在银行承兑汇票垫款比重明显偏高、金融衍生业务产品的风险以及衍生金融工具头寸结构的复杂性限制了企业有效的管理与监督风险的能力。同时,由于衍生金融工具的高杠杆性,其细微失误常常给银行带来难以估量的打击。

在风险克服机制方面,防范金融风险的法律准备或供给不足。某些金融机构屡屡违法违规,对市场产生很大冲击,突发性、群体性事件时有出现,影响到市场发展与社会稳定。具体表现在:第一,信用风险和操作风险凸显。由于商业银行中间业务相应的内控机制正处于逐步完善的过程中,内部管理不严和操作的漏洞加大了金融业务的风险度。第二,金融系统化特质下,金融业务潜在风险大,金融活动表外业务处在监管的模糊地带,风险不会及时暴露。第三,担保类业务的风险较为突出。虽然担保类业务在推行之时是为了维护债权与债务关系的实现,但一旦当事人违约,其所产生的风险与贷款风险无异,金融机构往往处于不利地位。

四、新型城镇经济中的金融信用体系亟待完善

在新型城镇化经济中,民间借贷现象更为普遍。民间金融是在正式的金融供给满足不了民众需求或者正式的金融获取成本太高的情形下产生的。从城镇化资金供给的长期实践来看,民间金融机构直接融资业务越来越影响着城乡经济发展,在支撑经济建设尤其广大农村地区和落后地区的建设方面发挥较大作用。但是除了普通借贷,其他诸如"地下钱庄""高利贷"等非法金融活动较为频繁,而部分民间金融机构从事过度金融创新以及非持续性投机行为也可能造成局部性的金融风险与隐患。

以 1999 年《关于建立中小企业信用担保体系的指导意见》为标志,国家出台了一系列指导中小企业担保机构设立的政策和法规。但是,在某些地区,担保机构在提供担保时,遭到银行非公平待遇。如有些银行的保证合同规定:本合同所设立担保具有独立性,无论何种情况,本保证合同将不因其所担保的借款合同的无效而无效。该格式合同不容增删,担保机构无与银行讨价还价的余

地。又如，有的银行在最高额保证合同中规定：保证人履行了保证责任后，在不影响借款人今后偿还债务的前提下，有权向借款人追偿有关款项。但在借款人同时面临保证人的追偿和贷款人在借款合同项下的任何支付要求时，保证人同意借款人优先偿付其对贷款人的债务。诸如此类的现象屡见不鲜。中小企业信用担保是国际公认的高风险行业，高风险、低收益是其典型特征。然而，我国至今还没有相关法律对担保机构的运作程序和风险控制作出明确的规定，各地担保机构各自有自己的运作规则，这样的现实情况无疑加剧了担保行业的风险。再加上最初设立的担保机构规模偏小，担保运营资金少，而担保机构的资金来源主要依赖于政府财政资金的拨付（虽然财政资金具有最大的政府公信性，但是多数地方缺乏动力，有些地方的担保机构运行艰难）。[①] 因而，为了保障担保资金的安全和良性运行，必须规范信用担保机构的运作程序和风险控制措施。

第四节　新型城镇化金融法治的完善对策

金融法治环境是推动新型城镇化金融体制改革的重要引擎。深化金融体制改革，迫切需要一个良好的金融法治环境保驾护航。建设与新型城镇化金融体制改革需求相适宜的金融法治环境，是一项全方位、多层次、循序渐进的长期性系统工程，亟待创新法律制度体系，推进金融改革目标实现。具体说来，可以从以下四个方面作出具体对策安排。

一、深化金融体制改革，完善支持新型城镇化发展的金融法治体系

第一，突出市场在金融资源配置中的作用，在银行、证券、期货、股权投资、民间融资等多个领域，建设多元化的金融市场体系。一是进一步完善农村信用社、恒丰银行、国际信托、齐鲁证券等地方性金融机构的业务结构，扩宽业务范围，增强核心竞争力和风险管控能力，提升自身在行业内的地位和影响力。二是逐步引导且鼓励民间资本参与金融机构重组改造，鼓励符合条件的民营小额贷款公司改制为村镇银行，发挥民间资本在村镇银行改革发展中的作用，优化村镇银行股权结构。三是改革和完善金融机构资源配置模式，打造公平合理的

① 参见沈凯、唐松涛：《我国中小企业信用担保发展中的问题及对策》，载《法学杂志》2005 年第 2 期。

金融工具体系。[①] 从程序制约上看，金融资源配置权的行使应当遵循权限法定和透明度原则，践行民主决策程序，严格履行强制缔约义务、价格非自主义务以及持续信息披露义务。四是银行不能对客户存款数额设置底线，未经正当程序不能随意提高跨行取款费，履行社会责任的状况应向社会公开等。五是应针对社会弱势群体融资权，从法律层面上作出明确规定，合理界分直接融资权和间接融资权，并采取强有力的配套举措确保此权利的实现。

第二，加强城镇金融监管制度构建，实现对融资的审慎规制。为建设符合新型城镇化的金融监管体系，各级金融监督机构应切实履行区域性金融机构的监督管理职责。对此，地方金融机构应将自律监管和行政监督紧密结合，实现金融机构和业务统一归口管理。具体做法是：首先，改善金融执法与监管规定，依照法律和行政法规制定银行业金融机构的审慎经营规则，银行业金融机构应当严格遵守审慎经营要求。其次，设置严格规范的市场准入制度，制定一系列量化准入标准，明确正规民间融资机构设立条件和业务范围，且辅之以严格的审批标准，杜绝随意设立、不合法规但披着合法外衣的机构进入正规市场。准入条件设置时，首先应考虑资本充足性。资本充足度或者机构融资水平是其从事一切金融活动的基石，因而可将资本充足率不高的民间借贷组织予以组合，形成较有实力的机构，并在职员任职条件、组织机构和管理制度等方面予以设定。最后，加强金融纠纷的处置化解能力。金融仲裁在我国起步比较晚，上海较早成立了金融仲裁院，实现了社会效益与经济效益的兼顾。故应积极探索设立相应的金融仲裁庭，借助多元化纠纷解决机制，提高金融纠纷处置化解能力。值得强调的是，提升仲裁专业人员队伍整体素质、提高办案质量和服务水平、充分发挥金融仲裁在解决商事纠纷中的作用等有助于其赢得市场认可，为更好地推进金融体制改革出力。

第三，围绕防范化解金融风险，完善地方金融风险防范处置机制。首先，推动征信机构体系建设，尽快建设覆盖面广、统一化、以金融机构和金融市场为服务对象的企业与个人信用信息数据库。通过建立健全系统化的查询平台，实现信息共享，为商业银行提供企业和个人信用信息查询服务。其次，加强对征信市场的监管，建立完善的监管制度，依法规范征信机构运行，维护国家经济信息

---

① 发展股权交易市场和建立要素交易平台、建设济南区域金融中心和青岛财富管理中心、发展民营金融机构和推进县域金融创新发展试点三部分内容，将成为拉动山东省金融业未来发展的“三驾马车”。

安全和社会稳定。再次，对征信行业进行标准化建设，为各部门系统实现互联互通、信息共享及信息安全奠定基础。金融系统信用制度可将信用意识不强、失信率高的经济组织和社会个人列入黑名单，通过信用信息共享，加大违约成本，保证整个金融系统的良性运转。最后，建立健全风险管理和内部控制机制，对其违法行为加大惩处力度。同时，要制定良好的市场退出机制，维护金融机构稳健运行。通过有限赔付机制和及时矫正机制，减少金融机构退出风险，维护经济社会稳定。

二、健全信用担保机制，形成城镇担保机构与多元化金融组织的合作模式

一方面，银行（主要指国有商业银行）应积极开拓中小企业贷款业务，积累经验，不断完善中小企业贷款程序。银行贷款成本随贷款规模的增大呈现递减的趋势，因而在向中小企业贷款时，表现出消极的态度，且为了避免金融风险，实现利润的最大化，甚至利用其市场优势地位，给担保机构设置了苛刻的担保条件，这与国家扶持中小企业发展的产业政策是完全背道而驰的。因此，银行有必要设立专门的中小企业信贷机构，研究中小企业信贷制度，建立健全中小企业信用评价机制，简化贷款程序，积极为中小企业融资提供金融服务。

另一方面，担保机构应建立健全治理结构，规范运作，完善风险控制机制。首先，国家有关立法部门应该加快统一立法的步伐，制定规范担保机构运作程序和风险控制措施的立法。如提高担保机构的注册资金，提高准入门槛。[①] 另外，应按照《财政部关于印发中小企业融资担保机构风险管理暂行办法的通知》的要求，推进担保机构风险准备制度的建立。其次，国家应建立再担保机构，为中小企业担保机构提供再担保，增强其抗风险能力。同时，还应建立风险补偿机制，当中小企业信用担保机构为所担保的机构代偿时，根据其代偿比例给予相应的补偿。最后，城镇经济中的企业信用担保组织应引进和培养专门的人才，高级管理人员或者专业人员需具备相应的金融、担保和政策、法律等业务知识。如《甘肃省中小企业信用担保机构资质认证及管理办法》规定，高级管理人员应具备必要的金融、担保和政策、法律等业务知识，具有 5 年以上商贸业务或 3 年以上金融保险业务的工作经历，无违法违规行为；主要业务人员熟悉业务规则及业务操作程序，无违法违规行为；2/3 的人员有 3 年以上商贸业务或 2 年以

① 参见《四川人民政府办公厅关于加快推进全省中小企业信用担保体系建设的意见》（川办函[2006]182 号）。

上金融保险业务的工作经历；具有健全的管理制度和风险管理制度；等等。

三、促进"三权分置"，形成土地流转和产业优化的长效机制

在土地所有权、承包权、经营权"三权分离"的基础上，严格实行政企分离、政社分开。禁止村集体领导组织甚至是村干部个人过多干预农地股份合作企业的经营，即便是有村集体的资产入股，一旦入股成功，村集体也必须放弃对资产的掌控，交由企业经营，坚决杜绝权力寻租和侵占农民个体权益。在此基础上，构建土地股份合作制企业的股权流转机制。① 第一，在转让条件上，可以参照公司法对于有限责任公司股权转让的相关规定。在公司股东之间可以任意进行股权转让，而关于对外转让股份时需遵守的规则，公司章程可以自行规定，如规定必须经过股东的过半数同意才能转让等等。第二，在转让的优先购买权方面，可以规定在同等条件下农村土地股份合作制企业的股东具有优先购买权，当股东均放弃优先购买权时，同一集体经济组织成员在同等条件下具有优先购买权。这里有个前提条件是，流转必须是在土地承包经营权的规定期限内。

第一，要将城镇经济发展放在重要位置，制定完善的产业发展全局规划。一是各级乡镇政府要对我国农村地区人口结构进行重新规划，为大规模生产创造条件。二是完善土地流转体系，对土地进行集约化管理，建立具有现代管理特色的土地所有权和经营权分离的模式，有效提高生产效率。② 三是依据产权理论，土地承包者享有经营权，即除买卖之外的占有、使用、收益、处置等权利，并附带享有由此产生的所有收益。四是提供有力的协调政策，鼓励农民大力发展低碳农业，确保农民发展农业有法可依，确保农业发展过程中农民的切实利益，更要保护农业参与者中的社会组织的利益。五是针对在农村地区从事农业建设生态园的乡镇企业，实行减免税的优惠政策。第二，政府要给予乡镇企业的发展一定资金供给，并加强监管。国家应给予城镇经济发展一定的财政支持，强化对资金支出流动和部门管理的监管。在原有的财政支付转移制度基础上，全程监管，严格规范资金用途。

---

① 参见刘蓓：《农村土地股份合作制研究》，西南政法大学硕士学位论文，2010 年。

② 参见文余源、段娟：《中国城乡互动发展的空间分布规律及其变化趋势分析》，载《中国人口资源与环境》2008 年第 5 期。

四、善用社会资本，合理规制民间金融的发展壮大

应将民间融资纳入法律调整范围之中，通过设立准入机制、退出机制、监管机制等，有区别地将正当民间借贷行为合法化、制度化，将违法行为坚决予以排除，保证金融系统性安全。首先，在法律的范围内建立起民间融资机构转为现代小规模民间商业银行的规范，通过行业准入、退出机制（或者是企业的设立与破产机制）给予其法人地位，将其纳入金融监管主体范围。其次，转化后的民间融资组织应控制在一定范围内，业务范围、经营规模等应限制在市或者省域范围内，只允许对当地区域内的融资提供借贷等相关服务。一方面，其资金能够更好地为本地区经济发展做出贡献，保证该地区金融活力；另一方面，可将资金投入区域内中小企业以及高新产业，保证该地区经济长期发展；同时，也可以将金融风险控制在一定范围内，避免造成大规模的金融风险。最后，加强民间融资事前监管防范。要准确划分事前监管权，事前防范要明确规范主体，对事前干预的权利进行必要规范和限制，以免打乱民间融资的正常发展。改变贷款“零风险”的非现实标准，科学设置小企业贷款的风险控制线，合理提取小企业贷款的风险拨备。对于已经形成损失的小企业贷款，要分清主客观原因，按照“失职要究责，尽职可免责”原则，制定责任追究与处罚制度。另外，民间金融机构也应建立存款保险制，保证存款人的资金能够无条件得到补偿，将其风险降到最低，提升民间融资机构的信誉度，促进其在区域内更好发展。

政府支持包括政府直接投资和政府提供担保两种方式。其中，政府直接投资是政府直接投资给处于创立阶段的项目，是一种鼓励企业发展的无偿的支持，一般具有高风险性，但该项目对经济发展至关重要。至于政府担保，则指以政府信用为依托，为相关项目筹措资金，这样可以以少量资金带动大量社会资金流入相关行业和领域，促进经济全面发展。虽然经济社会中存在诸多融资渠道，但这些融资模式并不能完全满足新型城镇化发展的需要。金融体制改革不断推进，随着资产证券化的日益完善和蓬勃发展，促进资产证券化对企业而言是一种很好的融资选择。

总之，金融法治是我国经济体制改革的重要组成部分，更是新型城镇化建设的重要保障。应当通过完善金融市场法治体系，保障金融市场秩序之安全、

高效、稳定。① 首先,促进金融发展和改革,更好地发挥金融对经济结构调整和转型升级的支持作用,对新型城镇化发展意义重大。其次,通过健全完善法律规范、法律制度、法律实施机制,形成科学完备、制度优化的法律创新机制,为新型城镇化建设中的资金供给保驾护航。再次,应善用创新机制和法治方式进行金融创新,正确处理新型城镇化和金融法治的关系,这是金融领域改革目标在新型城镇化进程中的前提要件。最后,要以法律制度创新满足我国城镇发展资金需求,以金融法律制度规范新型城镇化经济发展方向,实现城乡一体化目标。

① (1)扩大金融业对内对外开放,在加强监管前提下,允许具备条件的民间资本依法发起设立中小型银行等金融机构;(2)推进政策性金融机构改革;(3)健全多层次资本市场体系,推进股票发行注册制改革,多渠道推动股权融资,发展并规范债券市场,提高直接融资比重;(4)完善保险经济补偿机制,建立巨灾保险制度;(5)发展普惠金融;(6)鼓励金融创新,丰富金融市场层次和产品。

第十章

完善财税法治建设　推进新型城镇化发展

第一节　以法治思维指导财税体制改革　推进新型城镇化

一、推进财税体制的法治化是新型城镇化的首要任务

过去几十年，我国的城镇化发展一直是政府主导推进的。然而，违背自然规律和经济规律单方面主导推进的城镇化带来许多问题，如土地财政、资源滥用、生态环境恶化、农民权益受到忽视等。如何使政府的主导行为受到法律的规制，怎样保障公民的权利受到保护和尊重，都应当引起我们的重视和反思。新型城镇化大力倡导推进法治化进程，恰恰说明我们的法治建设还远远不能满足实践的需求。首先，涉及城镇化的法律规定缺乏，而且现有的法律大多是为了满足政府管理方面的需求制定的，对政府本身的规制较少。其次，政府主导推进城镇化的过程中，经常出现的是以红头文件形式存在的政策，使得政府的推进行为具有更多非确定性和随意性的特征。特别是城镇化的推进与地方政府的土地财政、GDP 指标、官员的考核升迁等利益驱动机制挂钩时，城镇化的推进便不可避免地成为一种运动式过程。例如，“十五”规划提出推进城镇化战略后，全国由省、市到县、区、乡镇几乎各级政府都制定颁布了关于“加快”或“推进”城镇化建设的“决议”“意见”或“通知”等文件，其中表述多为“加大力度”“下大力气”等语句，但工作中的规制和程序则几近于无。更有甚者，当各级政府的政绩考核中增加城镇化率作为考量指标时，强行圈地、征收、拆迁、弄虚作假等事件层出不穷，甚至与开发商联手损害农民权益的事件也屡见不鲜。这些问题

应当靠法治化的过程来解决，只有以法治保障城镇化规划的稳定性、严肃性和权威性，以法治来约束城镇化规划的实施、管理和评估过程，才能避免受眼前利益驱动的行为出现，保障城镇化的健康发展。

城镇化应当是一个顺势而为、水到渠成的发展过程，其进程要遵循客观规律，也要尊重人民意愿。而制度与法治则是城镇化健康发展的基石和保障，坚持法治思维、注重法治保障是重中之重。首先，应创新制度。城镇化的全面转型实质上是利益关系的重新调整，是要改变长期以来政府主导、首重管理的局面，重新定位政府与市场、政府与社会的关系，是要将人民群众的利益、愿望和要求放在首位。因此，制度的创新尤为重要。其次，社会的稳定和谐、国家的长治久安要依靠法治保障。新型城镇化带来许多社会问题，如人口迁移带来的户籍、养老、医疗等社会保障问题，土地流转中存在的问题，人口流动带来的社会管理问题，基础生活设施陈旧等问题，都给地方政府带来很大的困扰。如何利用有限的财政收入，实现城乡社会管理和公共服务项目的优化，也给现有财税体制提出了挑战。新型城镇化建设首先要推进法治化进程，加快完善体现权利公平、机会公平、规则公平的法律制度，尤其要加快财税体制改革的步伐和法治化进程，使立法与制度创新相衔接，才能做到重大改革于法有据，才能主动适应经济社会发展的需要。

事实上，自 2012 年党的十八大召开以来的短短几年间，中共中央、中央政治局、中央深化改革领导小组前后出台的至少 8 个重要文件都涉及财税改革和财税法治问题。十八大报告中有大量关于财税、法治的论述；十八届三中全会决定中近一半篇幅是在谈财税改革和财税法治；十八届四中全会决议的主题是依法治国，财税法治建设是重要内容；十八届五中全会有关“十三五”规划的建议，同样有不少财税改革和财税法治的内容。①

根据中央的部署，新型城镇化的法治化进程是改革的重中之重。要健全立法，加快改革步伐，逐步实现政府职能的两大根本性转变，即从与民争利的发展型政府向公共利益服务型政府转变，从行政干预过多的全能政府向让市场充分发挥作用的有限政府转变，以法界定政府、市场、社会与个人的关系，构建新型城镇化的多主体参与机制。首先是规范政府与市场的关系。简单来说，对政府

① 参见刘剑文：《引领大势，开创新局，助推财税法大发展》，中国社会科学网（http://www.cssn.cn/fx/fx_fjgg/201601/t20160104_2810696.shtml），发布日期为 2016 年 1 月 4 日，访问日期为 2016 年 1 月 6 日。

是“法无授权不可为”，而对市场则是“法无禁止皆可为”。在城镇化推进过程中，市场应当发挥在资源配置中的决定性作用，政府的作用主要是制定政策与规则，依法加强市场监管，维护市场秩序，提供公共服务，调整出现的问题，如环境污染、社会保障、义务教育、公共服务等问题。其次是规范政府与社会的关系。要健全法律制度，形成政府主导、公众参与、社会监督的格局，让民众充分参与城镇规划、建设、发展、治理等领域，真正体现城镇建设的主体地位。要从制度上构建公民参与的具体形式，为公民参与提供程序保障。同时，要构建一个多元治理体系，依据法律体系和制度设计，确定各自的权利、责任与义务，推进新型城镇化的发展。

推进新型城镇化的法治化进程，首要任务就是要加快财税体制改革和财税体制法治建设，构建新型城镇化法律制度保障机制。《深化财税体制改革总体方案》指出：“财税体制在治国安邦中始终发挥着基础性、制度性、保障性作用。”新型城镇化是一项涉及土地、人口就业与保障、产业发展等多领域的系统工程，推进新型城镇化的法治化进程，必然要改革户籍制度、土地制度等制约城镇化发展的核心问题，要完善城镇基本公共服务设施建设、拓宽融资渠道、建立有利于城镇化科学发展的财税金融制度等等。① 做好这些工作的前提是要加强立法，调整完善税收法律体系，理顺中央与地方的责权利关系，建立财权与事权相匹配的财政体制，稳步推进城镇化用地制度改革，改革相关的社会管理制度，积极引导各种社会资源的合理配置，促进公共服务均等化建设，最终实现城乡均衡协调发展的目的。

二、以法治思维指导财税体制改革

十八届三中全会《关于全面深化改革若干重大问题的决定》提出“推进国家治理体系和治理能力现代化”的要求，十八届四中全会《关于全面推进依法治国若干重大问题的决定》强调要“全面推进依法治国”，这标志着我国的治国理念发生了重大转变。作为国家治理的基础和重要支柱，在推进新型城镇化的进程中，我国的财税体制必须同样以法治思维开启新一轮的改革，加快法治化进程。

---

① 参见李琨：《新型城镇化建设中的制度创新与法治建设——以国家治理现代化为视角》，载《理论月刊》2015 年第 8 期。

总结我国财税法治理论的研究成果，财税法治的基本理念应该包括三个维度[①]：

一是公共财产观。财税法是公共财产法，主要规范私人财产权与国家财政权之间的界限。从静态角度看，财税法所调整的税收、政府性基金、国有企业及其利润等都属于一种公共财产；从动态角度看，财税法所研究的是公共财产的取得、管理、使用与分配中的法律问题。

二是理财治国观。财税法治要树立"理财即治国"思维。据统计，2014 年，我国财政收入已达到 14 万亿元，管好国家的"钱袋子"无疑是治理国家的重要内容。理财需要规范、有序地进行，首先就要求"依法理财"。建构一个规范、完整、科学的财税法律体系，既能遏制政府的公权向私人经济领域扩张的冲动，又能避免政府在财政活动中因为规范漏洞而出现寻租现象，从而使政府能够做到财政收入合理、合法、合宪，财政支出公开、公平、公正，财政管理有规、有序、有责。因此，必然要加快财税立法进程，使重要的基础性的财税事项都有法可依，并在此基础上进一步提高立法的科学性与民主性，加强法律实施过程中的监督，从而实现"良法善治"。

三是财政控权观。财税法治要限制国家财政权力的外部边界，实现财政权力的合理配置。具体来说，一是要求国家财政权力受到宪法、法律的严格控制；二是要求纳税人的基本权利得到宪法、法律的充分保护，要以公民私有财产权保障作为对政府财政的控制。同时，限权往往还和分权、制衡紧密联系在一起，要求财政权力在各个国家机关内部进行合理配置，并伴有制衡、监督机制。财政分权在横向体现为立法机关、行政机关、司法机关之间的权力配置，在纵向上体现为中央机关与地方机关的权力划分，其要旨都是通过权力相互制约来达到平衡。

就三者关系而言，公共财产观阐述了财政法的根本属性，理财治国观描绘了财政法的使命与前景，而财政控权观则具体提出了财政法的现实推进路径。我们需要从法治的基本理念出发，以法治思维指导财税体制改革的方向，推进新型城镇化的发展。

---

① 参见刘剑文：《引领大势、开创新局，助推财税法大发展》，中国社会科学网（http://www.cssn.cn/fx/fx_fjgg/201601/t20160104_2810696.shtml），发布日期为 2016 年 1 月 4 日，访问日期为 2016 年 1 月 6 日。

第二节　建立完善现代财税制度　推进新型城镇化

确立了财税法治的基本理念，我们再来审视目前新型城镇化与财税体制改革的法治化进程。建立完善现代财税制度是推进新型城镇化的重要目标和任务。从法治视角看，财税制度不仅具有调控经济、组织分配的职能，还可以借助财政收入、支出和管理等，界定私人财产与公共财政的边界，促进私人财产权利与公共财政权力的协调，保障处于弱势地位的私权利免受公权力的侵害。建立现代财税法律制度，可以让政府在法律规范的轨道中行使财权、运行财力，让人民监督政府的财税权力，使财税制度真正从“治民之法”成为“治权之法”，从最初服务于财政权的技术工具，演变为控制和规范公共财产权以保障和实现私人财产权的“理财之法”“强国之道”。[①] 这正是理财治国观指导下现代财税制度的功能和作用，也是推进新型城镇化健康发展的有力保障。要实现“治权之法”的作用，推进新型城镇化的法治化进程，需要从以下几个方面健全现代财税体制。

一、规范理财行为

现代财税制度要以法治方式来优化配置资源，要构建覆盖财政基本体制和财政收入、支出、监管的科学法律体系，并引导和约束财政权在这一框架内运行，以理财行为的法治化来确保其规范化。

首先，在财税体制层面，可以通过构建规范透明的预算管理体系来约束财政权合理合法运行。如新修订的《预算法》将立法宗旨从过去的“宏观调控”转变为“规范政府收支行为”，在一定程度上加强了人大的预算审批权和预算监督追责机制，并首次明确将“预算公开”写入法律规定，让预算从“政府的管理工具”变为“监督政府的工具”，充分体现了其规范功能。同时，还可以通过建立法治化的政府间财政关系，真正实现财权与事权相匹配、事权与支出责任相适应。

其次，将财政收入、支出和监管纳入法制化轨道，形成科学化、规范化的运行机制。在实体上实现对财政支出的民主控制，进而优化财政支出结构，使之向教育、医疗、社保、环保等民生领域倾斜，在程序上形成财政监管的刚性约束。

---

① 参见刘剑文:《财税法功能的定位及其当代变迁》，载《中国法学》2015 年第 4 期。

二、促进社会公平

近年来,贫富不均、分配不公已经成为城镇化发展中非常严重的问题,极易诱发社会矛盾,制约新型城镇化的发展。而建立现代财税制度对于促进社会公平的作用最为明显和直接。一方面,可以通过调整优化税制结构来减少和消除分配不公;另一方面,应当调整优化财政支出结构,加大社会保障投入,减少贫富差距,实现社会公平正义。

三、保障经济发展

经济职能是财税法最早被发现的职能,但在我国长期以来却被过度强调甚至曲解,在实践中被异化为"经济增长至上"。[①] 在城镇化发展过程中,由于政策导向的问题,财政支出结构不合理现象极为突出:直接投入经济建设的占比过大、范围过宽;同时,教育、卫生、社保、养老等公共服务的财政支出偏低,导致居民预防性储蓄倾向强烈,降低了居民的消费水平。这样的支出结构使得投资成为主导经济增长的动力,并带来了产能过剩、对外经济依存度加大等问题。在城镇化发展全面转型的前提下,现代财税制度的经济职能应当定位在长期的、间接的"保障经济发展"方面。

首先是要营造稳定发展的财税法治环境。我国目前已经建立起市场经济的初步框架,但法治化的市场经济并不健全。因此,要完善财税法律制度,维护市场的规范发展,为市场主体提供稳定的预期和行为指引,营造有利于产业转型创新的财税法治环境,促进新型城镇化发展。其次是要引导财政的投入方向转到基础设施建设等方面上来,为市场主体提供便利,更有效地提供公共产品和公共服务。最后是要稳步推进结构性减税,保持国家税收规模的适度发展,进而在国家和纳税人之间合理分配财富,从"与民争利"走向"藏富于民"。

总之,通过规范理财行为,促进社会公平和保障经济发展,建立健全现代财税制度,可以理顺国家与纳税人、立法与行政、中央与地方、政府与市场等基本关系,为推进新型城镇化、实现国家长治久安提供制度保障。

① 参见刘剑文:《财税法功能的定位及其当代变迁》,载《中国法学》2015 年第 4 期。

第三节 构建多层次财税法律体系 推进新型城镇化

一、我国财税立法概述

2011年，在第十一届全国人大第四次会议上，吴邦国庄严宣告：中国特色社会主义法律体系已经形成。[①] 根据当时公布的统计数字，我国宪法和现行有效法律共243部，其中财经类的法律有60件之多，覆盖了宏观调控、财政税收、金融外汇、国有资产、资源能源、交通运输、建设土地等多个方面，约占我国法律总数的1/4。[②] 然而，与现实的需要相比，我国财税法治建设仍然面临法律体系不健全、立法有待加强的问题。

根据《中华人民共和国立法法》的规定，我国法律体系包括法律、行政法规、地方性法规、自治条例和单行条例、部门规章和地方政府规章。按照这个层次划分，我国目前税收立法包括以下两个组成部分：

一是税收程序法，如《中华人民共和国税收征收管理法》(1992年9月4日通过，1995年修正，2001年修正，2013年修正，2015年修正)。现行税收征管法为2015年4月24日第十二届全国人民代表大会常务委员会第十四次会议修正。

二是税收实体法，包括3项法律：《中华人民共和国个人所得税法》(1980年9月30日颁布，1993年、1999年、2005年、2007年、2007年、2011年计6次修订)、《中华人民共和国企业所得税法》(2007年3月16日发布)、《中华人民共和国车船税法》(2011年2月25日发布)。1项专项规定：《全国人民代表大会常务委员会关于外商投资企业和外国企业适用增值税、消费税、营业税等税收暂行条例的决定》(1993年12月29日发布)。15项行政法规，其中包括1项条例和14项暂行条例。[③] 具体见表10-1。

---

① 参见《吴邦国在十一届全国人大四次会议上作的常委会工作报告(摘登)》，载2011年3月11日《人民日报》。

② 参见《石秀诗在全国人大财经委员会经济立法工作座谈会上的讲话》，载2012年10月29日《湖南日报》。

③ “条例”与“暂行条例”并不相同，2001年11月16日，国务院公布的《行政法规制定程序条例》第一章“总则”第4条规定：“行政法规的名称一般称‘条例’，也可以称‘规定’‘办法’等。国务院根据全国人民代表大会及其常务委员会的授权决定制定的行政法规，称‘暂行条例’或者‘暂行规定’。”(参见刘佐：《关于税收立法热点问题的进一步探讨》，载《地方财政研究》2015年第8期)

表 10-1　　我国税收实体法的立法情况①

税收归属	税种	级次最高的法律(规)	立法机关	发布日期
中央税	消费税	《消费税暂行条例》	国务院	1993 年 12 月 13 日发布,2008 年 11 月 5 日国务院修订
	关税	《关税条例》	国务院	2003 年 11 月 23 日发布,2013 年 12 月 7 日国务院修订
	车辆购置税	《车辆购置税暂行条例》	国务院	2000 年 10 月 22 日发布
	船舶吨税	《船舶吨税暂行条例》	国务院	2011 年 12 月 5 日发布
共享税	增值税	《增值税暂行条例》	国务院	1993 年 12 月 13 日发布,2008 年 11 月 5 日国务院修订
	营业税	《营业税暂行条例》	国务院	1993 年 12 月 13 日发布,2008 年 11 月 5 日国务院修订
	企业所得税	《企业所得税法》	全国人大	2007 年 3 月 16 日发布
	个人所得税	《个人所得税法》	全国人大	1980 年 9 月 10 日发布,先后由全国人大常务委员会六次修订
共享税	资源税	《资源税暂行条例》	国务院	1993 年 12 月 25 日发布,2011 年 9 月 30 日国务院修订
	城市维护建设税	《城市维护建设税暂行条例》	国务院	1985 年 2 月 8 日发布,2011 年 1 月8 日国务院修订
	印花税	《印花税暂行条例》	国务院	1988 年 8 月 6 日发布,2011 年 1 月8 日国务院修订
地方税	房产税	《房产税暂行条例》	国务院	1986 年 9 月 15 日发布
	车船税	《车船税法》	全国人大常务委员会	2011 年 2 月 25 日发布
	城镇土地使用税	《城镇土地使用税暂行条例》	国务院	1988 年 9 月 27 日发布,2006 年 12 月 31 日国务院修订
	耕地占用税	《耕地占用税暂行条例》	国务院	2007 年 12 月 1 日发布
	烟叶税	《烟叶税暂行条例》	国务院	2006 年 4 月 28 日发布
	契税	《契税暂行条例》	国务院	1997 年 7 月 7 日发布
	土地增值税	《土地增值税暂行条例》	国务院	1993 年 12 月 13 日发布

资料来源:根据各税种级次最高的法律(规)整理所得。

① 参见郭永泉:《从税收法定到依法治税——我国税收立法之前后》,载《山西财政税务专科学校学报》2015 年第 4 期。

表10-1中15个税种的行政法规并非都是根据全国人大授权制定的，刘佐曾对此一一作了详细的梳理。[①] 其中，2003年11月23日国务院发布的《中华人民共和国进出口关税条例》是根据1987年1月22日第六届全国人大常委会第十九次会议通过、2000年7月8日第九届全国人大常委会第十九次会议修改的《中华人民共和国海关法》制定。1985年2月8日国务院发布的《中华人民共和国城市维护建设税暂行条例》是根据1984年9月18日第六届全国人大常委会第七次会议通过的《全国人民代表大会常务委员会关于授权国务院改革工商税制和发布试行有关税收条例（草案）的决定》制定。但是，2009年6月27日第十一届全国人大常委会第九次会议废止上述授权决定以后，似乎未见国务院对根据该授权决定发布的上述暂行条例作出相应的处理（如修改以后发布）。只有《中华人民共和国增值税暂行条例》《中华人民共和国房产税暂行条例》等13项税收暂行条例，是国务院根据1985年4月10日第六届全国人大第三次会议通过的《全国人民代表大会关于授权国务院在经济体制改革和对外开放方面可以制定暂行的规定或者条例的决定》制定的。

三是财政方面的法律法规。如《中华人民共和国预算法》（1994年制定，2014年修改）、《中华人民共和国政府采购法》（2002年制定，2014年修正）等。

全国人民代表大会常务委员会预算工作委员会副主任姚胜指出，我国关于财税方面的专项法规大约只有11部，包括新《预算法》《政府采购法》等，未能覆盖财税所有领域，与法治财税的目标仍有差距，因此必须加强立法，尽快实现财税领域有法可依。

二、《立法法》修改与税收法定原则的确立

由上述统计可以看出，我国的税收立法体系目前呈现一种“行政立法为主、人大立法为辅”的格局。这是改革开放初期特定历史情境下的权宜之举。

由于“文化大革命”的影响，我国的财税立法在改革开放初期几近空白，而经济社会发展又迫切需要财税法律调整。当时人大立法程序尚不完善，特别是在税收、金融、贸易等专业法规方面，人大立法缺乏经验，程序、制度、人员等方面也缺乏保障。为了适应经济建设的需要，全国人大分别于1984年、1985年对国务院作出了两次税收立法授权。1984年9月18日，第六届全国人大常委会

① 参见刘佐：《关于税收立法热点问题的进一步探讨》，载《地方财政研究》2015年第8期。

第七次会议通过了《关于授权国务院改革工商税制发布有关税收条例草案试行的决定》，该决定授权国务院在实施国营企业利改税和改革工商税制的过程中，拟定有关税收条例，以草案形式发布试行，再根据试行的经验加以修订，提请全国人大常委会审议。这一次授权是专门的税收立法授权。1985年4月10日，第六届全国人大第三次会议通过了《全国人民代表大会关于授权国务院在经济体制改革和对外开放方面可以制定暂行的规定或者条例的决定》，这次授权也是现行多数税收条例的法律渊源。税收授权立法使各种税收关系及时得到了法律规范的调整，客观上推进了税制改革，保证了税收征管的效率和财政预算的平衡，为我国顺利进行经济体制改革提供了制度保证，也为税法体系的日渐完善奠定了基础。①

由于受当时立法条件、立法技术所限，人大的授权决定缺乏明确的授权事项范围，也没有明确的行使授权的时间限制，使国务院获得了非常宽泛的税收立法权。随着社会主义市场经济的发展与依法治国战略的实施，税收授权立法产生了一定的消极影响，延缓了财税法治的进程。

自1980年代中期至今，国务院以“暂行条例”的形式出台了一系列税收行政法规。在现行有效的18个税种中，《企业所得税暂行条例》和《车船税暂行条例》分别是在“暂行”了14年、5年之后才上升为法律，其他税收行政法规迄今仍处于“暂行”之中，暂行时间最长的已达28年之久（见表10-2）。而各实体税法的实施细则则主要由财政部、国家税务总局等政府主管部门制定，使得行政法规和部门规章成了我国税收法律渊源的主体，总计约有30部税收行政法规、50部税收行政规章以及超过5500部的税收通告。从税种数量来看，立法的税种只占17%。②

表10-2　　我国现行有效税种立法情况统计表③

税种	颁布时间	暂行时间（截至2013年）	上升为法律的时间
城市维护建设税	1985年	28年	未上升
房产税	1986年	27年	未上升

① 参见易有禄：《税收立法权回归的路径选择与发展前瞻》，载《社会科学研究》2014年第4期。

② 参见郭永泉：《从税收法定到依法治税——我国税收立法之前后》，载《山西财政税务专科学校学报》2015年第4期。

③ 参见易有禄：《税收立法权回归的路径选择与发展前瞻》，载《社会科学研究》2014年第4期。

续表

税种	颁布时间	暂行时间（截至2013年）	上升为法律的时间
印花税	1988年	25年	未上升
城镇土地使用税	1988年	25年	未上升(2006年修改)
营业税	1993年	20年	未上升(2008年修改)
增值税	1993年	20年	未上升(2008年修改)
消费税	1993年	20年	未上升(2008年修改)
企业所得税	1993年	14年	2007年
土地增值税	1993年	20年	未上升
资源税	1993年	20年	未上升(2011年修改)
契税	1997年	16年	未上升
车辆购置税	2000年	13年	未上升
烟叶税	2006年	7年	未上升
车船税	2006年	5年	2011年
耕地占用税	1987年	20年	未上升(2008年失效)
耕地占用税	2007年	6年	未上升
船舶吨税	2011年	2年	未上升

为了解决这一问题，国家开始逐渐规范税收授权立法问题。2000年，《立法法》第8条明确将财政、税收基本制度作为法律保留事项，规定只能通过制定法律予以规定，初步显露出税收法定的端倪。2001年，《税收征管法》修订案第3条规定："税收的开征、停征以及减税、免税、退税、补税，依照法律的规定执行。"这一规定从程序上强调了税收法定。2009年，第十一届全国人大常委会通过了《关于废止部分法律的决定》，废止了1984年的授权决定。党的十八届三中全会明确提出要"落实税收法定原则"。2015年新修改的《立法法》第8条第6项明确提出："税种的设立、税率的确定和税收征收管理的税收基本制度"只能制定法律。"税收法定原则"至此得以正式确立。与此同时，新《立法法》在第9条中继续保留了对国务院的授权条款。在人大专门作出决定收回授权之前，1985年的税收立法授权仍然有效。只是相对于以前比较宽泛的授权方式，新的授权更为细化，《立法法》第10～13条对授权的范围、目的、原则等作出了详细规定，减少了随意性。2015年4月24日颁布的新《税收征管法》第3条也明文

规定："税收的开征、停征以及减税、免税、退税、补税，依照法律的规定执行；法律授权国务院规定的，依照国务院制定的行政法规的规定执行。""任何机关、单位和个人不得违反法律、行政法规的规定，擅自作出税收开征、停征以及减税、免税、退税、补税和其他同税收法律、行政法规相抵触的决定。"

三、构建多层次财税法律体系

党的十八届四中全会提出，要形成完备的法律规范体系、高效的法治实施体系、严密的法治监督体系、有力的法治保障体系。因此，构建多层次财税法律体系、形成完备的财税法律规范体系是法治实施、法治监督和法治保障的前提，是推进新型城镇化建设、加快财税法治建设中首先需要着力的地方。构建多层次财税法律体系应当以《宪法》相关原则规定为统领，以财税基本法为基础，以财税实体法和程序法为骨干，包括财政收入法、财政支出法、财政管理法、财政监督法等内容，形成层次分明、结构完备、有机联系的统一整体。

构建多层次的财税法律体系具体来说应当主要包括以下几个部分：

一是充实宪法中的财税条款。我国宪法中仅有 4 个条款直接涉及财税：第 56 条规定公民有依照法律纳税的义务，第 62 条规定了全国人大审查和批准国家的预算和预算执行情况的报告的权力，第 67 条规定全国人大常委会审查和批准国家预算调整方案，第 117 条规定了民族自治地方的财政自治权。宪法是我国法律体系中的根本大法，我们应当积极推动将税收法定原则、保障纳税人权利等内容写进宪法，以宪法统领财税法治。

二是尽快制定财政基本法，作为财政税收活动的基本规范和基本准则。财政基本法（或财政法）是指规定财税法基本制度，能够指导财政收入、财政支出、财政监管等财税法各个环节的法律。[①] 首先，制定财政基本法可以奠定财税法领域的基本原则、制度和机制，覆盖财政收入、支出、监管等各个环节，有助于构建具有高度权威性、统一性的财税法律体系。其次，制定财政基本法可以引领财税改革的大致方向，其包含的财税基本原则、财税权力分配、财税机构设置等条款构成财税改革稳定运作和长远规划的基础，并赋予财税改革正当性和合法性，有助于建立法治框架下的现代财政制度。最后，制定财政基本法能够明确规定政府间事权与财权划分、人大与政府间财税权力分配等核心问题，将维护

---

① 参见刘剑文：《理财治国视阈下财税改革的法治路径》，载《现代法学》2015 年第 3 期。

公平正义、保障纳税人权利等理念融入其中，进而更好地指导财政收入、财政支出等财税主干法律，推动理财治国的范式转变和能力提升。无论从财税法治、财税改革还是国家治理的角度看，制定财政基本法都至为关键。

三是完善充实财政税收主干法律规范，包括财政收入法、财政支出法和财政监管法等。新立法法实施以来，多项财税立法已经纳入全国人大规划和日程。2013 年，十二届全国人大常委会公布立法规划，将"增值税法等若干单行税法"列入第一类立法项目。2015 年 3 月，由全国人大起草的《贯彻落实税收法定原则的实施意见》获中央审议通过。实施意见明确提出要在 2020 年以前，将现行税收暂行条例上升为法律，届时所有税种的设立、征收、管理均由法律来加以规范。按照全国人大的立法安排，首先，不再出台新的税收条例，新税开征均由全国人大制定法律。其次，与税制改革相关的税种，将根据改革进展情况陆续上升为法律。再次，不涉及税制改革的税种，先易后难逐步将税收暂行条例直接上升为法律。最后，全部税收条例上升为法律后，废止 1985 年授权。[①] 目标是力争 2020 年前，将全部税收暂行条例上升为法律或废止。[②] 应当说，国家对税收法定原则的法律实施是循序渐进的，也正在逐步取得成效。

当然，财税立法的过程仍面临多重问题和困难。我国正在开展财税体制改革，各个税种的征管范围和方式还处在调整期，涉及的增值税、消费税、资源税、营业税都是大税种，影响面广。在这种情况下，税法的立、改、废、释需要同步进行。如将增值税、消费税等税种由税收条例上升为法律；将现行房产税改为房地产税，环保收费改为环境保护税，并积极研究将社保收费改为社会保障税；"营改增"后应废止现行营业税及其他需要废止的税种，改革任务完成后在适当时候废止全国人大对国务院的授权决定；在税收法律制定后及时出台实施条例及配套规定和规范性文件，做好税法的细化和解释工作；等等。[③] 与此同时，已有的实体法也需要修改完善，如个人所得税法改革已列入本届人大立法计划。税收征管法修订也已经完成并颁布实施。另外，目前的税收各要素设置过于复杂，税率、计税依据以及税收优惠政策种类繁多，影响税收的征管效率，影响税收的经济作用，也给立法机关带来了严峻的技术考验。

---

① 参见郭永泉：《从税收法定到依法治税——我国税收立法之前后》，载《山西财政税务专科学校学报》2015 年第 4 期。

② 参见《应进一步加快税收法定进程——财税、法学专家解读税制改革和税收政策调整热点问题》，载 2015 年 3 月 26 日《经济日报》。

③ 参见王力：《全面依法治国进程中的税收法制建设》，载《国际税收》2015 年第 6 期。

结　语

十八届三中全会将财政定义为“国家治理的基础和重要支柱”，彰显了新一轮财税体制改革的重要性。全面深化改革的总体部署，将国家治理的范围覆盖到经济、政治、文化、社会、生态等各个领域。要推进国家治理体系和治理能力现代化，离不开财税体制规范化运行的基础和支撑，财税体制改革无疑在整个改革部署中处于核心枢纽位置。“既然财政是国家治理的基础和重要支柱，那么，它就不仅仅是一个经济范畴，而是一个事关国家治理体系和治理能力优劣的具有基础性、支撑性的重要要素；既然财税体制的功能与作用是超越经济领域的，那么，它就不是一个一般意义上的经济制度安排，而是一个牵动经济、政治、文化、社会、生态文明和党的建设等各个领域的综合性制度安排。”①因此，在推进国家治理体系和治理能力现代化的整体布局中，将财政作为国家治理的基础性和支撑性要素加以打造，将财税体制作为全面覆盖国家治理领域的综合性制度安排加以构建，是新一轮财税体制改革相较于以往的重要变化和突出特点。

推进新型城镇化对财税体制改革提出了新的要求。如何解决农业转移人口融入城镇带来的户籍、养老、医疗、教育等社会保障问题，如何解决城乡人口流动带来的社会管理问题以及基础生活设施扩充建设等问题，如何有效促进人

① 高培勇：《经济增长新常态下的财税体制改革》，载《求是杂志》2014 年第 24 期。

的城镇化进程、建立起现代化新城镇的综合治理体系等等，都是地方政府面临的难题。要在有限的财政收入中，实现城乡社会管理和公共服务项目的优化，健全地方政府综合治理能力和水平，是给地方政府提出的现实挑战。解决问题的基础和重要支柱就是要构筑坚实而强大的财政基础和财政支柱，依托于科学的财税体制。因此，我们要积极推进财税体制改革，真正做到“在财政收入方面，要取之合理、合法、合宪；在财政支出方面，要用之公开、公平、公正；在财政管理方面，要管之有规、有序、有责”[①]，推动国家治理模式适应公共财政、民主法治的现代化转型，从而使其成为优化资源配置、维护市场统一、促进社会公平、实现国家长治久安的制度保障。

① 刘剑文：《收入分配改革与财税法制创新》，载《中国法学》2011 年第 5 期。

参考文献

一、著作

1. 中共中央国务院:《国家新型城镇化规划(2014—2020)》,人民出版社2014年版。

2. 项怀诚主编:《中国财政50年》,中国财政经济出版社1999年版。

3. 楼继伟:《中国政府间财政关系再思考》,中国财政经济出版社2013年版。

4. 吴敬琏等编:《中国经济50人看三十年——回顾与分析》,中国经济出版社2008年版。

5. 刘剑文主编:《财税法论丛》第13卷,法律出版社2013年版,

6. 刘剑文、熊伟:《税法基础理论》,北京大学出版社2004年版。

7. 基本公共服务均等化研究课题组:《让人人平等享受基本公共服务——我国基本公共服务均等化研究》,中国社会科学出版社2011年版。

8. 刘仲藜主编:《奠基——新中国经济五十年》,中国财政经济出版社1999年版。

9. 宋新中主编:《当代中国财政史》,中国财政经济出版社1997年版。

10. 吴季松:《新型城镇化的顶层设计、路线图和时间表——百国城镇化实地考察》,北京航空航天大学出版社2013年版。

11. 吕炜主编:《中国新一轮财税体制改革》,东北财经大学出版社 2013 年版。

12. 俞可平:《论国家治理现代化》,社会科学文献出版社 2014 年版。

13. 巴曙松、杨现领:《城镇化大转型的金融视角》,厦门大学出版社 2013 年版。

14. 潘伟杰:《制度、制度变迁与政府规制研究》,上海三联书店 2005 年版。

15. 江世银:《预期作用于金融宏观调控的效率》,中国金融出版社 2010 年版。

16. 黄茂钦:《经济法现代性研究》,法律出版社 2006 年版。

17. 童本立、王美涵等:《积极财政政策风险与对策研究》,中国经济出版社 2002 年版。

18. 孔刘柳:《商业银行信贷合约行为理论》,上海财经大学出版社 2001 年版。

19. 贾海彦:《公共品供给中的政府经济行为分析:一个理论分析框架及在中国的应用》,经济科学出版社 2008 年版。

20. 王莹:《财政均等化:理论与实践》,中国财政经济出版社 2008 年版。

21. 任宝玉:《财源政治:"财政下乡"视角下的财政合法性研究——河南省刘乡的个案研究》,中国社会科学出版社 2008 年版。

22. 王振中主编:《中国的城镇化道路》,社会科学文献出版社 2012 年版。

23. 许才山:《科学发展观指导下的中国城镇化进程——人本理念与实践模式》,人民出版社 2009 年版。

24. [德]施利斯基:《经济公法》,喻文光译,法律出版社 2006 年版。

25. [美]罗尔斯:《正义论》,何怀宏译,中国社会科学出版社 1998 年版。

26. [美]约翰·罗尔斯:《作为公平的正义——正义新论》,姚大志译,上海三联书店 2002 年版。

27. [美]埃莉诺·奥斯特罗姆:《公共事物的治理之道——集体行动制度的演进》,余逊达等译,上海三联书店 2000 年版。

二、论文

1. [德]理查德:《德国公共服务的市场化》,孙晓莉译,载《北京行政学院学报》2003 年第 3 期。

2. 薛峰:《新预算法视角下构建现代预算监督新模式》,载《对外经贸》2015年第4期。

3. 寇铁军:《政府间事权财权划分的法律安排——英美日德的经验及其对我国的启示》,载《中央财经大学学报》2006年第5期。

4. 陈斌开、林毅夫:《发展战略、城市化与中国城乡收入差距》,载《中国社会科学》2013年第4期。

5. 陈雨露:《中国新兴城镇化建设中的金融支持》,载《经济研究》2013年第2期。

6. 李克强:《协调推进城镇化是实现现代化的重大战略选择》,载《行政管理改革》2012年第11期。

7. 李程骅:《科学发展观指导下的新型城镇化战略》,载《求是》2012年第12期。

8. 厉以宁:《关于中国城镇化的一些问题》,载《当代财经》2011年第1期。

9. 宋林飞:《新型城镇化的几点思考》,载《观察与思考》2014年第1期。

10. 吴江、王斌、申丽娟:《中国新型城镇化进程中的地方政府行为研究》,载《中国行政管理》2009年第3期。

11. 王桂兰:《新型城镇化过程中完善政府职能行为的几点思考》,载《领导科学》2013年第8期。

12. 王强、叶姗:《政府理财观的抉择:"量入为出"与"以支定收"——源于美国1985年〈平衡预算和紧急赤字控制法〉第252条之启示》,载《法学杂志》2006年第2期。

13. 程丽香:《现代金融发展理论及其对我国农村金融的启示》,载《中共福建省委党校学报》2001年第6期。

14. 王淑杰:《建立我国完善的部门预算监督》,载《中央财经大学学报》2006年第2期。

15. 方创琳、马海涛:《新兴城镇化背景下中国的新区建设与土地集约利用》,载《中国土地科学》2013年第7期。

16. 王振坡、游斌、王丽艳:《论新型城镇化进程中的金融支持与创新》,载《中央财经大学学报》2014年第12期。

17. 申亮:《财政分权、辖区竞争与地方政府投资行为》,载《财经论丛》2011年第4期。

18. 黄国平:《促进城镇化发展的金融支持体系改革和完善》,载《经济社会体制比较》2013 年第 4 期。

19. 高鸿钧:《通过民主和法治获得解放——读〈在事实与规范之间〉》,载《政法论坛》2007 年第 5 期。

20. 周雪光:《“逆向软预算约束”:一个政府行为的组织分析》,载《中国社会科学》2005 年第 2 期。

21. 马德功、董娟:《我国统筹城乡一体化中的金融支持——以成都综合配套实验区为例》,载《理论探讨》2009 年第 4 期。

22. 张鹏、梁辉:《城乡金融资源非均衡对我国城乡收入差距影响的实证分析》,载《大连理工大学学报(社会科学版)》2011 年第 2 期。

23. 刘佐:《新中国 60 年税制建设的简要回顾与展望》,载《经济研究参考》2009 年第 55 期。

24. 何振一:《新中国财政 60 年的艰辛历程与光辉成就》,载《财贸经济》2009 年第 9 期。

25. 贾康、赵全厚:《中国财政改革 30 年:政策操作与制度演进》,载《改革》2008 年第 5 期。

26. 武力:《1949-2006 年城乡关系演变的历史分析》,载《中国经济史研究》2007 年第 1 期。

27. 白永秀:《城乡二元结构的中国视角:形成、拓展、路径》,载《学术月刊》2012 年第 5 期。

28. 刘佐:《60 年来税收立法的简要回顾与展望——纪念全国人民代表大会制度建立 60 周年》,载《税务研究》2014 年第 9 期。

29. 刘剑文、陈立诚:《国家变迁的财税法观察——以税收观念演进为线索》,载《江淮论坛》2015 年第 3 期。

30. 宋槿篱:《改革开放三十年我国税法基本理念的转变》,载《法学杂志》2009 年第 2 期。

31. 黄杰华:《改革开放以来财政体制改革历程——一个文献综述》,载《改革》2014 年第 11 期。

32. 杨志勇:《中国 30 年财政改革之谜与未来改革之难》,载《财贸经济》2008 年第 12 期。

33. 文小才:《中国地方税体系建设的回顾、反思与展望》,载《经济研究参考》2015 年第 37 期。

34. 张景华:《新型城镇化进程中的税收政策研究》,载《经济学家》2013 年第 10 期。

35. 王敏、曹润林:《分税制改革、城镇化进程与地方税体系完善研究》,载《财政研究》2015 年第 8 期。

36. 陈少英:《可持续的地方税体系之构建——以税权配置为视角》,载《清华法学》2014 年第 5 期。

37. 俞光远:《加快财税法治建设与全面推进依法治国》,载《地方财政研究》2015 年第 1 期。

38. 熊伟:《法治财税:从理想图景到现实诉求》,载《清华法学》2014 年第 5 期。

39. 江必新:《以法治思维和方式推进法治中国建设》,载《人民论坛》2013 年第 2 期。

40. 叶姗:《税权集中的形成及强化——考察近 20 年的税收规范性文件》,载《中外法学》2012 年第 4 期。

41. 刘剑文、陈立诚:《国家变迁的财税法观察——以税收观念演进为线索》,载《江淮论坛》2015 年第 3 期。